MARCO POLO

Ungarn

Reisen mit Insider Tipps

Diesen Reiseführer schrieb Rita Stiens.
Die Journalistin und Buchautorin verbringt jedes Jahr mehrere Monate in Ungarn.

www.marcopolo.de

Infos zu den beliebtesten Reisezielen im Internet, siehe auch Seite 106

SYMBOLE

Insider Tipp **MARCO POLO INSIDER-TIPPS:**
Von unserer Autorin für Sie entdeckt

★ **MARCO POLO HIGHLIGHTS:**
Alles, was Sie in Ungarn kennen sollten

HIER HABEN SIE EINE SCHÖNE AUSSICHT

WO SIE JUNGE LEUTE TREFFEN

PREISKATEGORIEN

Hotels		Restaurants	
€€€	über 80 Euro	€€€	über 12 Euro
€€	65–80 Euro	€€	10–12 Euro
€	unter 65 Euro	€	unter 10 Euro

Die Preise gelten für zwei Personen im Doppelzimmer inkl. Frühstück in der Sommersaison.

Die Preise gelten für eine Suppe und ein Hauptgericht, Getränke nicht inbegriffen.

KARTEN

[116 A1] Seitenzahlen und Koordinaten für den Reiseatlas Ungarn

[U A1] Koordinaten für die Budapest-Karte im hinteren Umschlag

[O] außerhalb des Kartenausschnitts

Zu Ihrer Orientierung sind auch die Orte mit Koordinaten versehen, die nicht im Reiseatlas eingetragen sind.

GUT ZU WISSEN

Zahlen und Fakten **10** · Ungarn-Literatur **17**
Ungarische Spezialitäten **20** · Opern und Fresken **30** · Jugendstil **73**

INHALT

DIE BESTEN MARCO POLO INSIDER-TIPPS .... vorderer Umschlag

DIE WICHTIGSTEN MARCO POLO HIGHLIGHTS 4

AUFTAKT 7
Entdecken Sie Ungarn!

Geschichtstabelle 8

STICHWORTE 13
Zwischen Tradition und Hightech

ESSEN & TRINKEN 19
Pörkölt, Paprika und Palatschinken

EINKAUFEN 23
Kunst, Kitsch und Köstlichkeiten

FESTE, EVENTS UND MEHR 24

TRANSDANUBIEN 27
Eine Schatzkammer der Kultur

BALATON 47
Urlaubsoase Ungarisches Meer

DONAUKNIE 53
Eine Landschaft, die verzaubert

GROSSE TIEFEBENE 65
Wo der Himmel die Erde berührt

NORDUNGARN 81
Das Land der Berge, Weine und Höhlen

AUSFLÜGE & TOUREN 89
Bergidyll, Tokajer, weite Puszta

SPORT & AKTIVITÄTEN 95
Action & Fun für jedes Temperament

MIT KINDERN REISEN 99
Kinder sind herzlich willkommen

ANGESAGT! 102

PRAKTISCHE HINWEISE 103
Von Anreise bis Zoll

SPRACHFÜHRER 109

REISEATLAS UNGARN 113

KARTENLEGENDE REISEATLAS 115

MARCO POLO PROGRAMM 129

REGISTER 130

IMPRESSUM 131

BLOSS NICHT! 132

Die wichtigsten MARCO POLO Highlights

Sehenswürdigkeiten, Orte und Erlebnisse, die Sie nicht verpassen sollten

1. **Pannonhalma-Abtei**
Die Benediktinerabtei mit ihrer weltberühmten Bibliothek ist ein herausragendes Gesamtkunstwerk (Seite 30)

2. **Moschee des Paschas Kassim Ghasi**
Das größte türkische Bauwerk in Ungarn ist ein Symbol der Stadt Pécs (Seite 36)

3. **Fő tér von Sopron**
Ein Gesamtkunstwerk, das 700 Jahre Geschichte erzählt (Seite 39)

4. **Schloss Fertőd**
Miklós Fürst Esterházy baute sich ab 1720 ein Lustschloss, dessen Pracht auch heute noch blendet (Seite 40)

5. **Tihany**
Die Halbinsel im Balaton ist ein landschaftliches und kulturelles Kleinod. Ihr Wahrzeichen ist die barocke Benediktinerabtei (Seite 51)

6. **Fischerbastei**
Ausgangspunkt zur Erkundung des Burgbergs, atemberaubende Blicke auf die Donau-Skyline Budapests (Seite 54)

7. **Schloss Gödöllő**
Das Lieblingsschloss von Kaiserin Sissi erstrahlt in altem Glanz (Seite 57)

Budapest: die Fischerbastei

Abteikirche in Tihany am Balaton

8 Basilika Mariä Himmelfahrt
Die größte ungarische Kirche in Esztergom beherbergt wertvolle Kunstschätze (Seite 58)

9 Fő tér von Szentendre
Ein stimmungsvolles architektonisches Ensemble aus dem 18. Jh. mit Kirchen und Bürgerhäusern (Seite 59)

10 König-Matthias-Palast
Wie luxuriös der Renaissancekönig residierte, zeigen die Überreste der Palastanlage in Visegrád (Seite 62)

11 Hortobágy-Nationalpark
Wo der Himmel die Erde berührt: In der faszinierenden Graslandschaft sind die Ziehbrunnen der markanteste Blickfang (Seite 70)

12 Jugendstil-Rathaus
Wie wohlhabend die charmante Puszta-Stadt Kecskemét einmal war, zeigen die herrlichen Jugendstilhäuser, allen voran das Rathaus (Seite 73)

Im Szalajka-Tal

13 Bischofspalais
Der schönste Teil der Burganlage in dem zwischen Weinbergen gelegenen Barockstädtchen Eger (Seite 81)

14 Szalajka-Tal und Lipizzaner
Auf einer Hochebene des romantischen Tals im Bükk-Gebirge grasen die Pferde des Gestüts Szilvásvárad (Seite 84)

15 Baradla-Höhlen
Das Höhlensystem im Nationalpark Aggtelek ist ein Naturschauspiel mit Tropfsteinwundern und großartigen Felskreationen (Seite 86)

★ *Die Highlights sind in der Karte auf dem hinteren Umschlag eingetragen*

Entdecken Sie Ungarn!

Puszta, Piroschka, Paprika – diese Klischees werden Ungarns Vielfalt bei weitem nicht gerecht

In Kalocsa sitzen Frauen im Schatten der Bäume und sticken die typischen bunten Blumenmotive. In Budapest öffnet eine der größten Hightechschmieden im mittleren Osteuropa ihre Pforten. In der Puszta trainieren die Csikós ihre halsbrecherischen Reitkünste. Auf den Landstraßen zuckeln Pferdewagen und Trabis, unablässig überholt von PS-starken Neuwagen. Tradition und Moderne, Armut und Reichtum, Stagnation und Fortschritt: Ungarn ist ein Land, in dem vieles nebeneinander besteht – und miteinander auskommt.

Was ist Ungarn für das Gros der Besucher? Auch wenn sich kaum mehr jemand an den Film »Ich denke oft an Piroschka« von 1955 erinnert – allein der Name Piroschka weckt eine Fülle romantischer Assoziationen von Musik und Tanz bis Kesselgulasch und Puszta. Prägend für das Ungarnbild war aber auch die Ausnahmerolle des Landes im ehemaligen Ostblock. Mit Ungarn verband sich die Vorstellung des westlichsten Landes im Osten, einer Insel, die sich von niemandem ganz vereinnahmen ließ.

Ein Stück Ungarn-Nostalgie: Ochsenkarrenfahrt in der Puszta

Bedeutende Vergangenheit: in Eger

Das Bild von der Insel ist in vielerlei Hinsicht angemessen. Einer Insel gleich liegt das Land, von den Karpaten umschlossen, in der Mitte Europas, am Schnittpunkt zwischen Ost und West. Und in kaum einem anderen Land mischen sich östliche und mitteleuropäische Völker wie in Ungarn. Aus den eurasischen Steppen haben sich die Reiternomaden auf den Weg gemacht, die Ungarn begründeten. Zu ihnen gesellten sich weitere Nomadenvölker wie Kumanen und Jazygen, aber auch Italiener, Franzosen, Wallonen, Deutsche, Slowaken und viele andere. Am deutlichsten zeigt sich der Inselcharakter, das Anderssein an der Sprache. Sie hat nichts mit benachbarten Sprachfamilien gemeinsam. Das Idiom der Ungarn ist der markanteste Ausdruck ihrer fernen ethnischen Herkunft.

Geschichtstabelle

896 Nach Jahrhunderten wechselnder Besiedlung erobern die von Árpád geführten Magyarenstämme das Karpatenbecken

1000 Stephan, der Sohn von Großfürst Géza (972–997), kommt 997 an die Macht und wird im Jahr 1000 zum ersten ungarischen König gekrönt

1235 Béla IV. regiert während des Mongolensturms von 1241/42 und holt für den Wiederaufbau Italiener, Wallonen, Franzosen, Deutsche und Reiternomaden ins Land. Dies ist die Geburtsstunde des Vielvölkerstaats Ungarn

1458 Der Renaissancekönig Matthias regiert bis 1490 und macht seine Königssitze Visegrád und Buda zu Hochburgen des Humanismus

1526 Ungarn wird bei Mohács vernichtend von den Türken geschlagen. Ungarn geht in Erbfolge an die Habsburger über

1526–1697 Der größte Teil des Landes wird von den Türken beherrscht

1697 Vertreibung der Türken unter Führung der Habsburger mit dem Prinzen Eugen von Savoyen

1703 Fürst Ferenc II. Rákóczi beginnt den Freiheitskampf gegen die Habsburger. Er muss nach der Niederlage 1711 ins Exil gehen

1740 Die Habsburgerin Maria Theresia forciert die Reform und den Wiederaufbau des Landes und holt Tausende süddeutscher Katholiken (Donauschwaben) nach Ungarn

1849 Nach der Bürgerlichen Revolution von 1848 erklärt Lajos Kossuth die Unabhängigkeit, doch die Revolution scheitert

1867–1918 Die 1867 mit Kaiser Franz Joseph I. und Elisabeth (Sissi) etablierte k. u. k. Doppelmonarchie zerfällt 1919

1919 Ausrufung der Republik. Mihály Graf Károly wird provisorischer Präsident der Räterepublik

1920–1945 Ungarn verliert 1920 mit dem Frieden von Trianon 70 Prozent seines Territoriums. Miklós Horty errichtet ein bürgerlich-diktatorisches Regime. Ungarn tritt an der Seite Hitler-Deutschlands in den Krieg ein

1949–1989 Ungarn wird eine sozialistische Volksrepublik mit Einparteiensystem. Der Aufstand von 1956 gegen das kommunistische Regime wird niedergeschlagen

1989/1990 Ausrufung der Republik am 24. Oktober 1989. Sitzung des ersten frei gewählten Parlaments am 2. Mai 1990

1999 Ungarn wird Nato-Mitglied

2004 Ungarn wird EU-Mitglied

Sommerliche Landschaft in der Nähe des Balaton

Landschaftlich teilt sich Ungarn entlang der Flüsse: Westlich der Donau liegt das hügelreiche Transdanubien mit 400 bis 700 m hohen Bergrücken, von den Keszthelyer Bergen am nordwestlichen Plattensee über die weinbestandenen Balaton-Vulkane bis zu den Höhenzügen Bakony und Vértes nördlich des Sees sowie den Pilis- und Visegráder Höhen am Donauknie.

Der Balaton, auf Deutsch Plattensee, ist ein Teil Transdanubiens, aber als Hochburg des Tourismus kommt ihm eine Sonderstellung zu – erst recht im Bewusstsein der Ungarn, denn für sie ist er das »Ungarische Meer«, ihr Hort der Glückseligkeit. Dort, wo die Donau von Westen kommend nach Süden abbiegt, liegt das Donauknie, kein eigener Landstrich, aber eine Kulturlandschaft von eigenständigem Charakter.

»Das Land teilt sich entlang der Flüsse«

Mit seinen 800 bis über 1000 m aufragenden Mittelgebirgen ist Nordungarn die höchste Region des Landes. Daran schließt sich der wohl bekannteste Teil Ungarns an – die Große Tiefebene östlich der Donau, die weite, flache Puszta. Der kulturell reichste und auch wirtschaftlich prosperierendste Landesteil ist Transdanubien.

Die Vergangenheit ist für die Mentalität der Ungarn von enormer Bedeutung. Der Name Árpád ist jedem Schulkind gewärtig, denn mit der Landnahme des Fürsten 896 beginnt die ungarische Geschichte. Neben Árpád spielen vor allem der erste König Stephan und die großen Zeiten unter dem Renaissancekönig Matthias (1458–90) eine wichtige Rolle für die Bewusstseinslage der Ungarn.

Wie sieht sich Ungarn heute? Als Vielvölkerstaat. Aber das Mit-

Zahlen und Fakten

Ein Land, 19 Bezirke, über 10 Mio. Menschen

Ungarn ist mit 93 030 km^2 knapp doppelt so groß wie das Bundesland Niedersachsen und hat 10,043 Mio. Einwohner. 63 Prozent der Bevölkerung leben in den Städten, allein 1,9 Mio. in der Hauptstadt Budapest. Von Ost nach West misst Ungarn an der breitesten Stelle 526 km, von Nord nach Süd 268 km. Die zwei großen Flüsse des Landes fließen von Nord nach Süd: die Theiß (Tisza), 598 km lang, und die Donau, auf ungarischem Gebiet 417 km lang. Die Republik Ungarn *(Magyar Köztársaság)* ist in 19 Bezirke (Komitate) aufgeteilt.

einander ist keineswegs spannungsfrei. Deutlicher als die deutsche Landesbezeichnung »Ungarn« ist die ungarische, *Magyarország,* was so viel heißt wie »das Land der Magyaren«. Die Magyaren stellen etwa 90 Prozent der Bevölkerung. Welche Bedeutung dieser Tatsache zukommt, erleben Besucher nicht selten, wenn die Musiker in den Touristenhochburgen ihre mitreißenden Weisen zum Besten geben. Toll, diese Zigeunermusik, kommentiert der Gast begeistert. Und erntet nicht selten den Hinweis: »Das ist keine Zigeunermusik, das ist ungarische Musik.«

Wie schon der große Komponist Franz Liszt halten auch die meisten Ungarnbesucher Zigeunermusik für die ungarische Musik schlechthin. Ein Irrtum, den Magyaren nur schwer verzeihen! Die Ressentiments gegenüber der Musik der Zigeuner, politisch korrekt: der Roma und Sinti, sind nur ein Hinweis auf das problematische Verhältnis zu dieser größten ethnischen Minderheit des Landes. Die Zahl der Roma und Sinti wird auf 600 000 geschätzt, liegt aber wohl deutlich darüber. Ihre Lage war bereits vor der Wende schwierig und hat sich nach 1989/90 drastisch veschlechtert. Die übrigen Minderheiten sind um die 60 000 Deutsche, etwa ebenso viele Slowaken und etwa 80 000 Kroaten.

» Land der Magyaren und Vielvölkerstaat «

Mit der 1989 erreichten Selbstbestimmung und dem Beitritt zur EU ist die Rückkehr Ungarns nach Europa vollzogen. Doch der rasante Prozess der Modernisierung hat seine Schattenseiten. Einige Ungarn sind sehr vermögend, aber fast 40 Prozent der Menschen sind arm, d. h. das Haushaltseinkommen liegt bei unter 60 Prozent des Durchschnittsnettolohns von etwa 400 Euro – und das bei Preisen im Supermarkt und für Benzin, die denen in westlichen Ländern gleichen. Fragen der wirtschaftlichen Entwicklung und der nationalen Identität spalten das Land in zwei Lager – versehen mit den Etiketten rechts und links –, die sich scheinbar unversöhnlich gegenüberstehen. Ungarn ist auf der Suche nach sich selbst, doch es lässt der Zukunft trotz aller Vergangenheitsorientierung viel Raum. Dass die moderne Entwicklung nicht zwischen den Fronten zerrieben wird, liegt am Temperament der Magyaren: Ihre große Emotionalität ist nämlich gepaart mit viel Humor, pragmatischer Vernunft und einer gehörigen Portion Gelassenheit.

» Zeit für gute Nachbarschaft und Gastlichkeit «

Wer Ungarn bereist, erlebt vor allem eine wunderbar vielfältige Natur und die Wiederbelebung eines enormen Kulturerbes. Beim Naturreichtum reicht das Spektrum von der Steppenfauna und -flora der Puszta über die noch ursprünglichen Wälder des Bakony, die Weinregionen und die Tropfsteinhöhlen im Karstgebirge des Nordens bis zu den Alpenausläufern im Westen. Die Entdeckung des kulturellen Erbes gleicht einer faszinierenden Zeitreise: Die Römerzeit wird in Ausgrabungen wie Tác-Gorsium oder im Ruinengarten mitten in der Stadt Szombathely lebendig. Eine Augenweide sind die restaurierten mittelalterlichen Städte wie das kleine Kőszeg oder Sopron. Barocke Stadtpracht zeigt sich in Eger, Győr, Vác, Kalocsa und Szentendre in blendender Schönheit. Debrecen und Szeged stehen ganz im Zeichen des Klassizismus und Historismus.

Das Beste an Ungarn? Es ist ein Land, das selbst große Herausforderungen mit bewundernswerter Überlebenskunst meistert. Dazu gehört auch, dass sich die Menschen trotz aller existenziellen Probleme Zeit nehmen, um gute Nachbarschaft und Gastlichkeit zu praktizieren. Diese Erfahrung gehört zu den schönsten, die Ungarnbesucher mitnehmen können.

Für ein Gespräch mit Freunden und Nachbarn ist immer Zeit

Zwischen Tradition und Hightech

Uralte Bräuche und Individualität haben die Ungarn mit ins 21. Jahrhundert genommen

Daten und Namen

Genau andersherum: Das sollte man sich als Eselsbrücke merken. In Ungarn schreibt man beim Datum zuerst das Jahr, dann den Monat, dann den Tag. Da man sich in den Tourismusregionen auf Urlauber eingestellt hat, wählt man zumeist die den Gästen vertraute Datumsfolge – jedoch nicht immer!

Genau andersherum – das gilt auch für Namen: Steht auf einer Visitenkarte Balogh István, heißt der Mann mit Vornamen István und mit Nachnamen Balogh. Verheiratete Frauen tragen traditionsgemäß den Namen ihres Mannes mit dem Zusatz *-né* (»Frau«). Die Ehefrau von Herrn Balogh würde also Baloghné heißen. Sie könnte aber auch ihren Geburtsnamen behalten. Bei Frauen der jüngeren Generation ist eine dritte Variante populär: Sie tragen den Namen des Mannes mit dem Zusatz *-né* in Kombination mit ihrem Geburtsnamen.

Hochzeitsbräuche

Bauernhochzeiten sind das meistgespielte Unterhaltungsprogramm für Urlauber. Da führen Eltern dem werbenden Bräutigam erst die weniger attraktiven Töchter vor, um sie unter die Haube zu bringen, bevor sie mit der richtigen herausrücken. Bräuche spielen aber auch bei echten Hochzeiten eine Rolle. So zieht die frisch gebackene Ehefrau um Mitternacht rote Stiefel an. Wer dann mit ihr tanzen möchte, muss zahlen. Einen Polterabend gibt es in Ungarn nicht. Porzellan wird dennoch zerschlagen, und zwar gegen Ende der Hochzeitsfeier. Das Brautpaar muss, sozusagen als erste gemeinsame Handlung, die Scherben zusammenkehren.

Thermalbad mit Geschichte: das Gellért in Budapest

Kaffeehaustradition

Budapest hatte um 1910 etwa 500 Kaffeehäuser, und nicht wenige wurden als Intellektuellentreffpunkte zum Mythos. Die schöne Tradition erlebt eine Renaissance. Der Klassiker, das Kaffeehaus Gerbeaud, hat Gesellschaft bekommen: In neuem altem Glanz wieder eröffnet wurde z. B. das Café Centrál, und auch das berühmte New York soll 2006 im Hotel New Palace wieder seine Pforten öffnen. Außerdem gibt es viele angesagte Szenecafés. Im übrigen Land sucht man jedoch meist vergeblich nach einer attraktiven Adresse, erst recht in Kleinstädten und Dörfern. Außerhalb Budapests verbreiteten sich die so genannten Espressos. Hier werden, meist in einfachem Ambiente, Kaffee und belegte Brötchen serviert.

Männer am Kochtopf

Ein Ungar am Herd? Am heimischen gewiss nicht. Aber wenn es um Ruhm, Ehre und Preise geht, packt Ungarns Männer die Kochleidenschaft – ob bei dörflichen Sommerfesten oder vor großem Publikum beim Gulaschfestival in Budapest, bei dem auch Politiker und Diplomaten am Herd stehen. Das Kochfestival »Auf den Spuren der königlichen Köche« in Nagyszakácsi ist ein dreitägiges Volksfest mit Umzug, Musik und Historienspielen. Die Renaissance gibt den Ton an, denn in Nagyszakácsi fand der Renaissancekönig Matthias seine besten Köche. Die Zubereitung der *halászlé* (Fischsuppe) haben die Herren der Schöpfung ganz für sich reserviert. Schließlich ist diese Suppe die Krönung einer Passion ungarischer Männer: des Angelns.

Mathe- und IT-Genies

Mit dem Rubik-Würfel machte der Mathematiker Ernő Rubik weltweit Schlagzeilen. Ungarn hat einige große Mathematiker hervorgebracht. Anteil daran hat nicht zuletzt das kommunistische Regime: Wer der Ideologie ausweichen wollte, wählte ein »unbelastetes« Studienfach. So wurde der Intel-Gründer Andy Grove, einer der Erfinder des Mikrochips, 1956 in Ungarn als András Gróf geboren. Mathematiker und Informatiker, vorwiegend Absolventen der ausgezeichneten Technischen Universität Budapest, haben Ungarn in den letzten Jahren auch zu einer ersten Adressen für die Softwareproduktion gemacht.

Musikleben

Im Land von Franz Liszt, Béla Bartók, Zoltán Kodály und des Operettenkönigs Emmerich Kálmán spielt die Musik eine große Rolle. Die Musikerziehung hat eine lange Tradition und wird intensiv gepflegt. Budapester gehen mit Begeisterung ins Theater, und die Ensembles und Solisten der großen Hauptstadtbühnen genießen internationalen Ruf. Aber auch Städte wie Pécs, Győr, Debrecen und Szeged haben hervorragende Ballett- und Opernensembles. Ungarnbesucher kommen nicht nur im Rahmen des normalen Programms in den Genuss der Kunst: Von Budapest über Sopron und Győr bis Debrecen und Szeged werden renommierte Sommerfestivals veranstaltet.

Puszta

Das Wort »Puszta« verbreitete sich in Ungarn Ende des 17., Anfang des 18. Jhs. als Bezeichnung für die nahezu menschenleere, durch die Türkenherrschaft verwüstete Tiefebene. Es bedeutet »öde«, »Ödnis«. Das Wort wird aber auch in anderem Sinnzusammenhang verwendet: Rund um den Plattensee gibt es eine Reihe von Ortsbezeichnungen mit dem Wortbestandteil *-puszta,* zum Beispiel Szántódpuszta. In diesem Fall sind mit Puszta die Wirtschaftsgebäude eines Gutes gemeint, die in einiger Entfernung zum Dorf lagen.

Religion und Kirchen

Selbst kleine Dörfer haben üblicherweise zwei, nicht selten sogar drei Kirchen. Dieser Reichtum ist eine

Weites Land: Abenddämmerung in der Puszta

Folge der Geschichte: Nach Beendigung der türkischen Besetzung traten die Lehren Martin Luthers ihren Siegeszug an. Ende des 16. Jhs. spaltete sich die protestantische Bewegung, die vorherrschende Richtung bildeten die Kalvinisten oder Reformierten. Ab Mitte des 17. Jhs. begann eine massive Gegenreformation, und die Mehrheit der Bevölkerung nahm wieder die katholische Religion an. Um die Kirchen unterscheiden zu können, schaut man am besten auf die Turmspitze: Die katholischen und evangelischen tragen ein Kreuz, die reformierten einen Stern.

Einer der renommiertesten modernen Kirchenarchitekten ist Imre Makovecz. Der Anhänger der organischen Architektur arbeitet vorwiegend mit Holz und schafft imposante Räume, die gigantischen Skulpturen ähneln. Er baute Gotteshäuser wie die Heilig-Geist-Kirche von Paks (1988–90) und die evangelische Kirche von Siófok (1990).

Schlösser

Um die 700 Schlösser und Herrenhäuser stehen in Ungarn unter Denkmalschutz. Viele dieser Adelssitze sind mit den großen Namen der ungarischen Aristokratie verbunden. Wer von Westen kommt, sieht beispielsweise bei Sopron das Széchenyi-Schloss, im nahen Fertőd das imposante Schloss der Fürsten Esterházy, in Keszthely am Balaton das Schloss der Festetics, nahe Budapest Schloss Martonvásár der Brunswick-Familie und nördlich der Hauptstadt das berühmte »Sissi«-Schloss Gödöllő der Grassalkovich-Familie.

Sprache

Die einzigartige ungarische Sprache gehört zur finno-ugrischen Sprachfamilie. Leicht zu merken: Betont wird immer die erste Silbe. Einige wichtige Ausspracheregeln:

Ein S (s) wird wie *sch* gesprochen – wie in »Sopron« *(schopron)*. Das »cs« eines Wortes wie Csárda ist ein *tsch (tscharda)*. Ein sz klingt wie ein ß.

Die Diphthonge bereiten weniger Schwierigkeiten, als man denkt. »Ty« entspricht im Deutschen einem tj und »ly« einem j. Die Kombination »zs« wird wie das J im Wort Journalist ausgesprochen. Das »gy«, wie in dem Wort *egy* (eins), wird *dj* ausgesprochen, also »egy« wie *ädj*. Das e in *egy* wird zum ä, weil auch die Akzente bzw. die Aussprache der Vokale ohne Akzent von Bedeutung sind.

Ein »á« ist ein a wie im deutschen Wort Maat, ein »é« entspricht dem doppelten e wie in »Beet«, ein »ó« dem oh wie in »Mohn«, ein »í« dem ie wie in »Biene«, ein »ű« dem ü in »über«. Ohne Akzent wird das e wie *ä* gesprochen und ein a wie ein kurzes o.

Doch auch wenn Sie kein Ungarisch sprechen: Mit Deutsch oder Englisch kommen Sie auf Ihrer Reise meist gut zurecht.

Thermalbäder

Das orientalische Flair der Bäder Rudas und Király in Budapest zeugt von der Badekultur der Türken im 15. Jh. Sie genossen, wie schon die Römer, den großen Thermalwasserreichtum Ungarns. An Thermalwasser fehlt es dem Land nach wie vor nicht: Bislang sind über 1000 Quellen bekannt, davon 350 mit Heilwirkung. Dieser natürliche Schatz macht Ungarn zu einem Tummelplatz für Kur- und Wellnessgäste.

Das westungarische Hévíz, der bekannteste Kurort, verfügt über ein ausgezeichnetes Angebot an Kur- und Wellnesshotels. Andere Orte haben nachgezogen, in Westungarn beispielsweise Harkány, Zalakaros, Bük, Sárvár, Balf, Mosonmagyaróvár, Győr und der Höhlenkurort Tapolca.

In Ostungarn ist Hajdúszoboszló der populärste Thermalkurort. Gute Bäder haben aber auch Debrecen, die nette Klein- und Burgstadt Gyu-

Ein Schwätzchen in einer einzigartigen Sprache

Ungarn-Literatur

Familien- und andere packende Geschichten

Die Familie Esterházy hat ungarische und europäische Geschichte geschrieben. Der Nachfahr der jüngeren Generation, Péter Esterházy, 1950 geboren, gewährt in *Harmonia Caelestis* auf 900 Seiten eigenwillige, spannende Einblicke. Liebe, Leidenschaft, Verrat und Moral sind die Themen des mitreißenden Romans *Die Glut* von Sándor Márai, der ihn posthum berühmt machte. Der Nobelpreis für Literatur, den Imre Kertész 2002 verliehen bekam, hat seinem literarischen Meisterwerk zu neuer Aufmerksamkeit verholfen. Der *Roman eines Schicksallosen* erzählt das Leben eines deportierten jüdischen Jungen aus der so überraschenden wie erschütternden Perspektive des staunenden Kindes.

la sowie Eger und Miskolc-Tapolca im Nordosten. An und nahe dem Fluss Theiß sind die Orte Tiszaújváros, Tiszafüred und Berekfürdő sowie das familiäre Tiszaörs mit Thermalwasser bzw. Thermalbädern gesegnet.

Trinkregeln und Trinksprüche

Biertrinker, aufgepasst: Mit Bier anzustoßen ist in Ungarn ein Fauxpas! Warum? Weil 1849 – nach dem gescheiterten Freiheitskampf gegen die Österreicher – 13 Generäle auf Befehl von Kaiser Franz Joseph I. hingerichtet wurden und die Henker mit Bier feierten. Studenten stoßen heute schon mal mit dem augenzwinkernden Zusatz »Haynau soll sterben« kräftig an: Julius Jakob Haynau war der für die Exekutionen zuständige Militärbefehlshaber.

Apropos Augenzwinkern: Mit den vertrackten ungarischen Ausspracheregeln werden Urlauber beim Trinken gern aufs Glatteis gelockt. *Egészségedre,* »Auf Deine Gesundheit«: Diesen Trinkspruch hat der Gast schnell drauf – denkt er! Meistens kommt jedoch die Aussprache von *egész seggedre* dabei heraus. Und das heißt: Auf Deinen ganzen A… Also ein Prosit auf den ganzen Allerwertesten. Eine Mordsgaudi für die Ungarn!

Zigeunermusik

Heute musizieren die Zigeuner, die *cigányok,* fast nur noch für Urlauber. Ihr Repertoire besteht vor allem aus Operetten- und Unterhaltungsmusik und ungarischen Volksliedern. Eine Kapelle in klassischer Formation und mit echtem Zigeuner-Repertoire bekommen Besucher kaum zu sehen. Eine solche Kapelle besteht aus acht Mitgliedern: dem Primas, der zweiten Geige, einem Bassisten, einem Zimbelspieler, einem Klarinettisten, einem Cellisten, dem Vize-Primas und einem stellvertretenden Zweiten Geiger. In den Hotels und Restaurants erwarten die Musiker einen Obolus für ihr Spiel. Zumeist werden sie so schlecht bezahlt, dass sie vom Trinkgeld leben müssen.

Pörkölt, Paprika und Palatschinken

Bei guter Zubereitung sind ungarische Gerichte ein Gedicht

Die ungarische Küche: Man könnte sie rühmen als Schmelztiegel köstlicher kulinarischer Einflüsse, zum Beispiel türkischer, österreichischer, deutscher, slowakischer, serbischer und kroatischer. Und wer nach einem guten ungarischen Kochbuch kocht, wird eine Fülle dieser Einflüsse in köstliche Gerichte umsetzen können.

In den Restaurants wird glücklicherweise immer seltener nach dem Motto »Masse statt Klasse« gekocht. Es gibt eine deutliche Entwicklung hin zu mehr Qualität, allerdings weitgehend auf dem Niveau einer guten Hausmannskost. Zum klassischen Repertoire der ungarischen Restaurants gehören vor allem die auf *pörkölt, paprikás, tokány* oder *gulyás* endenden Gerichte. Paniertes, ein Erbe der Donaumonarchie, ist in Ungarn ungemein beliebt. Und nicht nur Fleisch kommt paniert auf den Tisch: Auch Fisch und Gemüse werden mit Vorliebe in Panade ausgebacken.

Gewürzpaprika und Paprikahuhn, Gulaschsuppe und das Nationalgericht Kesselgulasch: Diese typischen Gerichte sind in der Tiefebene beheimatet, dem Land der Pferdehirten und der Puszta. Die Zwiebel- und Knoblauch-Hochburg des Landes ist die Region um Makó. Und so wundert es wenig, dass man hier auch Gerichte wie »Gefüllte Zwiebeln nach Makóer Art« erfand.

Ungarn sind stolz auf ihre Küche: Sie ist schmackhaft, deftig und bodenständig

Zahlreiche ungarische Gerichte sind mit den Namen prominenter Künstler oder Köche verbunden. So gibt es eine Bohnensuppe »à la Jókai«, benannt nach dem Romancier Mór Jókai, und die Gundel-Palatschinken, benannt nach dem berühmten Koch Johann Gundel (1844–1915).

Palatschinken finden sich auf jeder Speisekarte bei den Desserts. Neben der *Gundel-palacsinta* (mit einer Füllung aus Walnüssen, Orangeat, Rosinen und einem Schokoladenguss) besonders beliebt sind *almás palacsinta* (mit Äpfeln), *ízes palacsinta* (mit Marmelade) oder *túrós palacsinta* (mit Quarkfüllung). Als Vorspeise sind in Ungarn Suppen sehr gefragt, nicht zuletzt süße Suppen aus Früchten wie Sauerkirsche oder Apfel.

In den ungarischen Wäldern gibt es Wild in großer Zahl, vor allem in den Donauknie-Gebirgen

Ungarische Spezialitäten

Lassen Sie sich diese Köstlichkeiten gut schmecken!

bográcsgulyás – das berühmte Kesselgulasch wird über dem offenen Feuer zubereitet

dobos-torta – sechsschichtige Biskuittorte mit Schokoladenbuttercreme und Karamellglasur, benannt nach dem berühmten ungarischen Konditor József Dobos

Esterházy-rostélyos – Roastbeefscheiben, die in einem Gemüsesud geschmort werden

gesztenyepüré hagyományos módon – Kastanienpüree, eine beliebte Süßspeise, als Dessert mit Sahne

halászlé – kräftig gewürzte Fischsuppe aus mehreren Fischsorten, z. B. Karausche, Barsch, Rotbarsch und Karpfen

lángos – Fladen aus Hefeteig in vielen Variationen, z. B. mit Kraut, Schafskäse, Schinken oder Dill, beliebter Snack

lecsó – eine Art Eintopf aus Tomaten, Paprikaschoten und Zwiebeln

palacsinta – dünne, gefüllte Pfannkuchen in vielen Variationen

paprikás csirke – Huhn mit einer köstlichen Paprikasoße, wird meist mit Nockerln als Beilage serviert

pörkölt – ein Fleischgericht mit Paprikaschoten und Tomate, entspricht dem deutschen Gulasch

pogácsa – Pogatschen, werden häufig bei Touren in die Puszta gereicht. Das runde, salzige oder süße Kleingebäck sollte warm gegessen werden

rántott karfiol – Blumenkohlröschen, in Semmelbröseln gewälzt und in Öl frittiert, werden als Vorspeise mit einer Sauce Tatar serviert. Auch panierte Champignons mit Sauce Tatar fehlen auf kaum einer Vorspeisenkarte

rántott sertésborda – panierte Schweinekoteletts, die in Öl goldgelb gebraten werden

sör – das Wort, das sich Biertrinker merken sollten

szarvasgulyás – Hirschgulasch, z. B. mit Knoblauch, Kartoffeln und Wurzelgemüse

túrós rétes – Quarkstrudel, frisch aus dem Ofen besonders köstlich. Strudel erfreut sich mit vielen Füllungen großer Beliebtheit, zum Beispiel als Sauerkirsch-, Walnuss- oder Mohnstrudel

újházi tyúkhúsleves – eine klare Hühnersuppe mit viel Fleisch, Gemüse und Nudeln, benannt nach dem Schauspieler Ede Újházy

Börzsöny und Pilis und in den Mittelgebirgen Mátra und Bükk. Im Bükk-Gebirge werden auch die besten frischen und geräucherten Forellen serviert. Sie stammen aus den Fischzuchten am Fluss Szalajka. Nordöstlich von Budapest liegt die Heimat der Palózen. Ihre Küche hat Köstlichkeiten wie die *Palózer Lammsuppe* hervorgebracht. Wo immer Sie einen Hinweis auf Siebenbürgener Küche sehen: Sie hat einen ausgezeichneten Ruf und ist allemal einen Versuch wert.

Eine Spezialität der Küche Transdanubiens ist der *fogas,* der Balaton-Zander. Bei diesem edlen Raubtier handelt es sich um eine Art, die nur im Plattensee vorkommt. Am besten schmeckt er als ganzer Fisch vom Grill. Auch der *Esterházy-Rostbraten* ist in Transdanubien zu Hause. Den Feinschmeckern Miklós und Pál Esterházy (18. und 19. Jh.) von Schloss Fertőd verdanken eine Reihe von Gerichten den Zusatz »à la Esterházy«. Eines der beliebtesten Sauerkrautgerichte, das *Székler Gulasch,* soll der Archivar József Székely als Resteessen erfunden haben, als er nur noch ein wenig Gulasch und Sauerkraut im Haus hatte.

Internationalität beschränkt sich in Ungarn, von Budapest einmal abgesehen, weitgehend auf Pizzerien und Fastfoodketten. Fast alle Restaurants weisen darauf hin, dass sie vegetarische Kost anbieten. Meist beschränkt sich das Angebot jedoch auf Gebackenes (Blumenkohl, Champignons und Käse) oder auf eine Platte mit diesen Gerichten.

Gaststätten und Restaurants heißen *vendéglő* bzw. *étterem.* Sie sind in drei Qualitätsstufen eingeteilt, aber das muss nicht viel bedeuten. Eine *csárda* ist ein bescheidenes Dorfgasthaus, in dem das Essen aber durchaus besser sein kann als anderswo. Im traditionell sehr einfachen *eszpresszó* gibt es beispielsweise Getränke und belegte Brötchen. Der gängigen Vorstellung von einem Café entsprechen die *cukrászda* (Konditorei) und das *kávéház* (Kaffeehaus).

Wein gehört zu Ungarn wie die Zigeunermusik. *Fehér bor* ist der Weißwein, *vörös bor* der Rotwein. Ein trockener Wein trägt die Bezeichnung *száraz,* ein halbsüßer den Hinweis *félédes.* An seine größten Zeiten als »Wein der Könige« reicht er zwar noch nicht ganz wieder heran, aber der Tokajer ist nach wie vor Ungarns berühmtester Wein. Besonders köstlich ist der süße *Tokaji aszú,* den es in verschiedenen Qualitätsstufen (drei bis sechs Bütten, *puttony*) gibt. Der wohl bekannteste Rotwein ist der Erlauer Stierblut aus Eger und Szekszárd. Ein weiterer populärer Rotwein ist der *Soproni kékfrankos* (Soproner Blaufränkischer) aus der nordwestungarischen Weinregion Sopron. Gute Rotweine kommen mehr und mehr aus der Region Szekszárd. Am Balaton ist Badacsony ein gutes Weinanbaugebiet. Die wichtigsten Sorten dieser Region sind der *Olaszrizling* (Welschriesling), der *Zöldszilváni* (Grüner Silvaner), der *Muskotály* (Muskateller) und der Graue Mönch. Zur Weinregion Balatonfüred-Csopak gehört auch die Halbinsel Tihany. Das Zentrum des Anbaugebietes Dél-Balaton am Südufer erstreckt sich von Balatonboglár bis Fonyód. Ungarns südlichstes Weinanbaugebiet ist Villány/Siklós, wo vor allem Cabernet und Merlot angebaut werden.

Kunst, Kitsch und Köstlichkeiten

Zum Kauf verführen vor allem Salami, Schnäpse und das schöne Kunsthandwerk

Salami ist zu Recht das beliebteste ungarische Souvenir. Ihr Erfinder: Márk Pick aus Szeged an der Theiß. Er nannte die Wurst *téliszalámi* (Wintersalami), weil sie – noch bis Mitte des 20. Jhs. – nur in den Monaten Oktober bis März hergestellt wurde, denn beim Reifeprozess spielte die vom Fluss aufsteigende Kühle eine wichtige Rolle. Für manchen Geschmack fast noch köstlicher ist eine ungarische Paprikasalami – und zwar die scharfe.

Schöne Mitbringsel sind auch Porzellan und Keramik. Die Porzellanmanufaktur Herend *(www.herend.com)* ist fast so berühmt wie die in Meißen. Wer den modernen Landhausstil liebt: In Herend wird auch handbemalte Keramik hergestellt – zu erschwinglichen Preisen. Einen Kaffeebecher gibt es schon für etwa 5 Euro. Herend-Keramik *(Herendi Majolika, www.herendmajolika.hu)* gibt es in vielen Formen und Farben. Ebenfalls bekannt ist das Zsolnay-Porzellan mit Formen und Dekoren im Stil der Sezession *(www.zsolnay.hu)*. Alle Regionen Ungarns haben ihre eigenen kunsthandwerklichen Traditionen und halten ein vielfältiges Angebot an Keramik bereit.

Kunstvolle Handarbeiten sind eine Spezialität Ungarns

Eine große Auswahl haben Sie auch auf einem anderen Gebiet der Volkskunst: bei Stickereien. Berühmt sind Kalocsa- und Matyó-Stickereien, die bunten Auflegestickereien aus Buzsák sowie die Weißstickerei.

Pálinka heißen die ungarischen Schnäpse – und das Land hat einige wirklich gute hervorgebracht. Die besten hochprozentigen Souvenirs sind aromatische Obstschnäpse aus Aprikosen *(barackpálinka)*, Süßkirschen *(cseresznye)* oder aus Pflaumen *(szilva)*. Eine weitere Spezialität ist der traditionelle Magenbitter »Zwack Unicum«. Erstmals gemixt hat ihn Dr. Zwack, Hofarzt des österreichischen Kaisers Joseph II.

Von Budapest über Pécs bis Veszprém und zum Plattensee: Große Märkte *(vásárok)*, auf denen von Kunst über Kitsch bis zu Praktischem alles feilgeboten wird, sind typisch für Ungarn. Für alle gilt: Erst genau prüfen, dann kaufen. So mancher Markenturnschuh hat sich schon als Billigimport entpuppt und so manche handgestickte Decke als »made in Taiwan«. Echtes Kunsthandwerk wird vielfach nur in Spezialgeschäften angeboten.

Feste, Events und mehr

Klassische Kultur, Folklore, Rock & Pop, Spitzensport und viele Sommershows

Budapest ist das kulturelle Zentrum des Landes, aber auch von Sopron im Westen bis Debrecen im Osten stehen erstklassige Veranstaltungen auf dem Programm. In den Sommermonaten finden vorwiegend Historienspektakel und bunt gemischte Festivals zur Unterhaltung der Gäste statt. Einen aktuellen Überblick erhalten Sie im Internet unter *www.ungarn-tourismus.de,* bei den Ungarischen Tourismusämtern oder bei den örtlichen Touristeninformationen.

Beim Tanz in Trachtenkleidung

Offizielle Feiertage

1. Jan. *Neujahr;* **15. März** *Tag des Unabhängigkeitskampfes von 1848/49* (Nationalfeiertag); **März/April** *Ostermontag;* **1. Mai** *Tag der Arbeit;* **Mai/Juni** *Pfingstmontag;* **20. Aug.** *Tag der Verfassung* (Nationalfeiertag); **23. Okt.** *Tag der Republik* (Nationalfeiertag); **1. Nov.** *Allerheiligen;* **25./26. Dez.** *Weihnachten*

Feste und Veranstaltungen

Januar

Neujahrskonzert am 1. Januar in der Staatsoper in Budapest *(www.hungariakoncert.hu)*

Februar

Buscho-Karneval in Mohács: größter Karneval in Ungarn, farbenfrohes Spektakel mit Umzug und Jahrmarkt

März/April

★ *Frühlingsfestival in Budapest*: Top-Klassikevent mit namhaften Orchestern und Ensembles. Schwerpunkt 2006: Mozart und Bartók. Konzerte, Oper und Ballett, aber auch Operette *(www.festivalcity.hu)*

Insider Tipp *Ostern in Hollokö:* In dem malerischen Dorf werden alte Volksbräuche lebendig. Mit Prozession, Volksmusik und Kunstgewerbemarkt

Mai

Balaton-Festival in Keszthely: Saisoneröffnung mit Flaggenparade am See, Ausstellungen und Konzerten
Fest des Segelsetzens in Balatonfüred: seit über 70 Jahren die traditionelle Eröffnung der Saison
Hortobágyer Reitertage: Open-Air-Puszta-Shows mit tollkühn reitenden Pferdehirten *(csikós)*, Gespannfahrten, Gulaschkochwettbewerben

Juni/Juli

Beethoven-Abende der Nationalen Philharmoniker im Schloss Brunswick in Martonvásár (*www.hunphilharmonic.hu)*
Opernfestival in Miskolc, das zum besten Bartók-Festival werden will *(www.operafesztival.hu)*
Burgfestspiele von Visegrád: Ritterspiele – die kleine Königsstadt steht im Zeichen des Mittelalters.
★ *Szeged-Freilicht-Festwochen:* Votivkirche und Domplatz sind die imposante Kulisse für Theater und Konzerte (klassische Musik, Rock, Folklore).
Ende Juni feiert Budapest das *Brückenfest* und den *Budapester Búcsu* (Sommerfest) mit Open-Air-Konzerten und Straßenfest *(www.festivalcity.hu).*

August/September

Jazztage von Debrecen: die ältesten in Ungarn *(www.fesztivalkozpont.hu)*
Sziget-Festival: Der an Woodstock erinnernde Mega-Event auf einer Insel 4 km vom Zentrum Budapests zieht Hunderttausende Besucher an *(www.sziget.hu).*
Formel 1, Grand Prix am Hungaroring: das Spitzenereignis für Motorsportfans *(www.hungaroring.hu)*
Budapest Paradé, die ungarische Love Parade
Debrecener Blumenkarneval: Wagenkorso mit Aufbauten aus Millionen von Blüten *(www.fesztivalkozpont.hu)*
St.-Stephans-Tag: Am 20. August gibt es ein großes Feuerwerk in Budapest. An diesem Tag ist die halbe Stadt auf den Beinen. Kleinere Feierlichkeiten werden in allen Städten und Dörfern veranstaltet.
Herbstfestival in Budapest: Der Schwerpunkt liegt auf zeitgenössischer, experimenteller Kunst *(www.festivalcity.hu).*

Dezember

Ein Topevent ist am 30. Dezember das Konzert des 100-köpfigen Zigeunerorchesters. Mit Abendessen und Wein *(www.viparts.hu).*

Festliches Feuerwerk in Budapest

Eine Schatzkammer der Kultur

An Faszination und Vielfalt ist Ungarns Westen nicht zu überbieten

Transdanubien – das Land jenseits der Donau – heißt diese attraktive Region. Schöne Städte, Schlösser und Weinlandschaften machen den Reiz aller Teilregionen Transdanubiens aus. Im Hügelland des Südens mit dem 700 m hohen Mecsek-Gebirge ist Pécs das städtische Zentrum. Im Nordwesten, nahe der Weinstadt Sopron, reichen die Alpenausläufer bis in 558 m Höhe. Weiter östlich, nach Veszprém hin, bestimmen die Bakony-Hügel und der Plattensee das Bild.

GYŐR

[117 D3] Drei Flüsse (Donau, Rába und Rábca) und eine 1000-jährige Geschichte als Bischofssitz prägen das barocke Zentrum der 120 km westlich von Budapest gelegenen Stadt Győr (130 000 Ew.).

SEHENSWERTES

Basilika
Gegenüber der Bischofsburg. Sie hat eine fast 1000-jährige Baugeschichte. Im 18. Jh. gab Bischof Ferenc Zichy den Umbau im barocken Stil in Auftrag. Franz Anton Maulbertsch schuf die Fresken, die Tafelbilder und das Altarbild. An der Südseite liegt die Ende des 14. Jhs. errichtete gotische Kapelle mit dem Reliquienschrein des hl. Ladislaus und dem Grabmal des Märtyrerbischofs Vilmos Apor (1892–1945). Er wurde erschossen, weil er Frauen, die in die Bischofsburg geflüchtet waren, vor Übergriffen durch russische Soldaten schützen wollte. *Káptalandomb*

Insider Tipp

Domkapitelhügel (Káptalandomb) mit Bischofsburg
Am Domkapitelhügel ziehen sich die Basteien vom Fluss Rába den Hügel hinauf. Mit ihrem Bau begannen italienische Festungsmeister 1537. Ihre heutige Form verdankt die Burg dem Bischof Ferenc Zichy (18. Jh.). *Káptalandomb 1*

Rathaus (Városháza)
Monumentaler Neobarockbau mit 60 m hohem Turm. *Szent István út*

Széchenyi tér
Der Széchenyi-Platz ist das Herz der alten Bürgerstadt. In der Mitte steht die barocke Mariensäule. Die Fresken in der *St.-Ignatius-Kirche*

Idyllische Weinlandschaft im Mecsek-Gebirge

Die prächtige Innenausstattung des Liebfrauendoms in Győr

und das Bild des Hochaltars schuf der Barockmaler Paul Troger 1744.

Wiener-Tor-Platz (Bécsi kapu tér) und Karmeliterkirche
Schöne Beispiele für Paläste im Barock- bzw. Zopfstil sind das *Altabak-Haus* (Nr. 12) und das um 1780 für den Bischof Ferenc Graf Zichy errichtete *Ott-Haus* (Nr. 13). Die Karmeliterkirche entstand 1721.

MUSEEN

Jesuiten-Apotheke
Das Schmuckstück der Apotheke von 1654 ist das bemalte Deckengewölbe (innerhalb der heutigen Apotheke). *Mo–Fr 7.30–16 Uhr, Széchenyi tér*

Imre-Patkó-Sammlung
Zu sehen ist bildende Kunst des 20. Jhs., dazu Kunst aus Afrika und anderen Teilen der Welt. *Di–So 10 bis 18 Uhr, Széchenyi tér 4*

János-Xantus-Museum
In einem Barockbau. Mehrere Ausstellungen, z. B. zur Geschichte der Stadt. *Di–So 10–18 Uhr, Széchenyi tér 5, www.gymsmuzeum.hu*

ESSEN & TRINKEN

Belgian Beer Café Royal
Dieses Caférestaurant mit Bistroeinrichtung liegt hinter der historischen Fassade des Hotels Rába. *Arpád út 34, Tel. 96/31 11 24, €€*

Patio
Mit überdachtem Innenhof, Restaurant, Café und einem Stand für *lángos* und Palatschinken. *Baross utca 12, Tel. 96/31 00 96, €–€€*

Schweizerhof
Die Gourmetoase gehört zum kleinen, luxuriösen Hotel Schweizerhof (32 Zi.). *Sarkantyú köz 11–13, Tel. 96/51 23 58, Fax 51 23 55, www.schweizerhof.hu, €€€*

ÜBERNACHTEN

Fonte
Nahe dem Theater liegt das schön restaurierte Hotel aus der Zeit der Wende vom 19. zum 20. Jh. *29 Zi., Schweidel utca 17, Tel. 96/51 38 10, Fax 51 38 20, www.hotelfonte.hu, €*

Klastrom
In einem renovierten Karmeliterkloster aus dem 18. Jh. Mit Restaurant und Innenhof, in dem Konzerte stattfinden. Es gibt günstige Wochenendangebote. *40 Zi., Zechmeister utca 1, Tel. 96/51 69 10, Fax 32 70 30, www.klastrom.hu, €€*

Szél Fiai Fogadó
Ein urgemütliches Landgasthaus mit bester regionaler Küche und viel Komfort (Tennisplätze, Pool, Sauna). Das Szél Fiai liegt 12 km von Győr entfernt wunderschön am Ende eines Waldwegs mit Weinkellern. Wer nicht unbedingt in der Stadt wohnen will, genießt hier herzliche Gastfreundschaft. *9 Apartments, Vaskapu 71, Nyúl, Tel. 96/54 00 15, Fax 54 00 16, www.winecellarinn.hu, €*

FREIZEIT & SPORT

Am Fluss, mit Altstadtblick, liegt das neue *Erlebnis- und Thermalbad Rába-Quelle* mit seinem Kur-, Wellness- und Spaßangebot. *Tgl. 9 bis 22 Uhr, Fürdő tér 1, Tel. 96/51 49 00, www.rabaquelle.hu*

Wasserski: *Wassersportzentrum Győr (Vízisípálya), bei der Autobahn M1 (Richtung Ikrény), www.wakeboarding.gyor.hu*

AUSKUNFT

Tourinform
Árpád utca 32, Tel./Fax 96/31 17 71, www.gyortourism.hu

MARCO POLO Highlights »Transdanubien«

★ **Pannonhalma-Abtei**
Die mächtige Abtei gehört zum Welterbe der Unesco (Seite 30)

★ **Kőszeg**
Die zauberhafte Kleinstadt ist ein mittelalterliches Juwel (Seite 32)

★ **Moschee des Paschas Kassim Ghasi**
Die imposanteste der vielen architektonischen Attraktionen in Pécs (Seite 36)

★ **Fő tér von Sopron**
Rund um diesen Platz wird Architekturgeschichte lebendig (Seite 39)

★ **Schloss Fertőd**
Das »ungarische Versailles« der Fürsten Esterházy (Seite 40)

★ **Burgviertel**
In schöner Höhenlage: Kirchen und Paläste in Veszprém (Seite 44)

ZIELE IN DER UMGEBUNG

Bábolna **[117 E3]**
Die Attraktion von Bábolna (25 km östlich von Győr) ist das *Arabergestüt* von 1789 mit Restaurant, Gästehaus und Hotelzimmern. Neben der exklusiven Pferdesportanlage sind auch ein Kutschen- sowie ein Jäger- und Pferdemuseum zu sehen. *Mészáros út 1, Tel. 34/ 56 92 04, www.babolnamenes.hu*

Mosonmagyaróvár und Große Schüttinsel **[116 C2]**
Mosonmagyaróvár (30 000 Ew.), 38 km nordwestlich von Győr gelegen, ist das städtische Zentrum des Naturschutzgebietes *Große Schüttinsel (Szigetköz)*, das von der Donau und ihren Altarmen gebildet wird (Reiten, Radtouren, Wassersport wie z. B. Kanu- und Kajakfahren). Hier gibt es inzwischen auch einige Komfortadressen. In Mosonmagyaróvár liegt das gleichnamige *Thermalhotel (50 Zi., Kolbai Károly utca 10, Tel. 96/20 68 71, Fax 20 68 72, www.thermal-movar.hu, €€)*. In Lipót gibt es das Wellnesshotel *Orchidea (35 Zi., Rákóczi utca 42–44, Tel. 96/67 49 42, Fax 67 40 43, www.orchideahotel.hu, €€)* nahe dem Thermalbad. Nur 4 km weiter liegt das Renaissanceschloss *Hédervár (14 Zi., Fő utca 47, Tel./Fax 96/21 34 33, www.hedervar.com, €€€)*.

Pannonhalma-Abtei **[117 D3]**
★ 20 km südlich von Győr thront weithin sichtbar Ungarns bedeutendstes Kloster auf einem 282 m hohen Hügel. Das Bauwerk, 996 begonnen, ist beeindruckend, auch wenn der größte Teil der Anlage aus dem 19./20. Jh. stammt. Vom Urkloster blieben nur eine Kirche und die Krypta erhalten. Die Abtei gehört zum Welterbe der Unesco. Einzigartig ist der Prunksaal der *Bibliothek* (250 000 Bände). *Pax Tourist, Vár utca 1, Tel. 96/ 57 01 91, Fax 57 01 92, pax@osb.hu, Führungen in Fremdsprachen 21. März–31. Mai sowie 1. Okt. bis 11. Nov. Di–So 11 und 13 Uhr, Juni bis Sept. tgl. 11 und 13 Uhr*

Opern und Fresken

Künstler der Barockzeit in Ungarn

Wenn ich eine gute Oper hören will, soll die österreichische Kaiserin Maria Theresia gesagt haben, gehe ich nach Esterháza. Denn dort, im Schloss der Esterházy in Fertőd, leitete Joseph Haydn von 1761 bis 1790 das Orchester. Die Österreich ergebenen ungarischen Aristokraten kamen im 17. und 18. Jh. zu großem Reichtum und leisteten sich einen so prachtvollen wie kunstsinnigen Lebensstil. Einer der viel beschäftigten Künstler war der österreichische Freskomaler Franz Anton Maulbertsch (1724–96), der ab 1770 fast ausschließlich in Ungarn arbeitete. Ein weiterer Meister dieses Fachs war Paul Troger (1698–1762), der die Fresken in der St.-Ignatius-Kirche in Győr schuf.

HARKÁNY

[123 F6] Der ruhige, beschauliche Ort hat nur 3800 Ew. Dass er trotzdem viele Besucher anzieht, liegt an dem erstklassigen Thermalwasser. Das Kur- und Erlebnisbad liegt in einem ausgedehnten Park und ist das Herz des Ortes. Kurort ist Harkány schon seit dem 19. Jh. Die abwechslungsreiche Umgebung lädt zu Ausflügen und Weintouren ein.

ESSEN & TRINKEN

Tenkes Csárda

Ungarische Küche, Zigeunermusik, Villányer Weine: Dieses Gasthaus setzt auf gute Stimmung und Hausmannskost. *Csarnota Kültelek (an der Straße 58), Tel. 72/42 40 57, €*

ÜBERNACHTEN

Kager

Neues, kleines Komforthotel mit Wellnesscenter. *16 Zi., Szent István utca 50–52, Tel. 72/58 02 00, Fax 58 02 15, www.hotel-kager.hu, €*

Kiss

Hinter der weißen Fassade erwartet Sie eine Pension mit Hallenbad, Beauty und Massage (Tageskarten für den Wellnessbereich für Nichthotelgäste). Restaurant (am Wochenende mit Livemusik), im Sommer Grillterrasse. *8 Zi., Bacsó Béla utca 54, Tel./Fax 34/58 68 88, www.hotels.hu/kispanzi, €*

Lidia Appartementhotel

Gepflegte Anlage mit Restaurant, die einen Innenhof umschließt. 200 m vom Thermalbad. *37 Zweibett-Apartments, Kossuth Lajos utca 49, Tel./Fax 72/47 97 40, www.hotels.hu/lidia_hotel, €–€€*

Thermal Hotel

Drei-Sterne-Hotel mit großem überdachtem Pool, eigenem Thermalwasser, guten Therapieeinrichtungen sowie Restaurant mit Terrasse. *105 Zi., Járó utca 1, Tel. 72/48 05 00, Fax 48 04 08, www.thermalhotelharkany.hu, €€€*

KUR & FREIZEIT

Das *Thermalbad (Kossuth Lajos utca 5, Tel. 72/48 02 51, Fax 48 04 35, www.harkanyfurdo.hu)* ist auch ideal für Familien. Zu den Wasserlandschaften gehören z. B. fünf Open-Air-Becken. Kurgäste zieht es wegen der besonders guten Wirkung des Heilwassers nach Harkány.

AUSKUNFT

Tourinform

Kossuth Lajos utca 2, Tel. 72/47 96 24, Fax 47 99 89, www.harkany.hu

ZIELE IN DER UMGEBUNG

Donau-Drau-Nationalpark **[124 B6]**

Südlich von Harkány, entlang der Grenze zu Kroatien, fließt die Drau (Dráva). Nach Osten hin (40 km von Harkány) erstreckt sich der Nationalpark *(www.ddnp.hu)* mit seinen faszinierenden Uferlandschaften. Ans Drau-Ufer gelangen Sie, wenn Sie einige Hundert Meter vor dem Grenzübergang *Drávaszabolcs* nach rechts abbiegen (beschildert). Zu empfehlen ist auch eine Schiffstour auf der Drau. Insider Tipp Veranstaltet werden Promenadenschifffahrten (etwa

1,5 Std., auch mit Programm wie Weinprobe oder Gulaschparty). *Anmeldung in Harkány bei Tour Chance, Táncsics utca 54/a, Tel. 72/48 02 72, www.tourchance.hu*

Siklós/Siklós-Máriagyüd **[123 F6]**
Zu sehen gibt es in Siklós (5 km von Harkány) das mächtige *Burgschloss (15. April–15. Okt. tgl. 9–18 Uhr, sonst bis 16 Uhr, Vajda János tér 8)*. Das Herz des Marienwallfahrtsorts Siklós-Máriagyüd (9 km von Harkány) ist die doppeltürmige *Barockkirche (15. April–15. Okt. Mo–Sa 8 bis 19, So 7.30–19 Uhr, sonst Mo bis Sa 9–17.30, So 7.30–15 Uhr, Vujisics utca 66)* aus dem 18. Jh.

Villány-Siklós **[124 A6]**
Diese Weinregion gehört zu den besten des Landes. Entlang der Weinstraße *(www.borut.hu)* geht es von Villány in nordwestlicher Richtung nach *Villánykövesd* und nach *Palkonya*. Dort bilden die denkmalgeschützten Keller ein Kellerdorf auf einem Hügel. In Villány erzählt das *Weinmuseum (Di–So 8–17 Uhr, Bem utca 3)* die Geschichte des Weinanbaus. Dort sind auch mehrere »Winzer des Jahres« zu Hause. Ede Tiffán erhielt als erster Winzer diese Auszeichnung *(Weingut Tiffán, Teleki Zsigmond utca 9, Tel. 72/59 20 00, Fax 59 20 01, www.tiffan.hu)*. Spitzenplätze nehmen auch die Weingüter Bock und Attila Gere ein (komfortable Pensionen: *Bock Pension & Restaurant, Batthyány utca 15, Tel. 72/ 49 29 19, Fax 59 20 10, www.bock.hu; Pension Gere, Diófás utca 4, Tel. 72/ 49 21 95, Fax 49 29 52, www.gere.hu;* €). Am *Diófás-Platz* liegen die Keller von Tamas Gere (Pension: *Diófás utca 1, Tel. 72/59 20 09, Fax 59 21 09, www.geretamas.hu,* €). Alle Winzer bieten Weinproben an, auf Anmeldung gibt es auch Verkostungen mit einem Essen.

KŐSZEG

[116 A4] ★ Die mittelalterliche Kleinstadt ist ein Schmuckstück. Die Altstadt mit der Burg umgibt der *Várkör*, die einstige Stadtmauer. Im Schutz der Burg entwickelte sich eine Stadt (heute 12 000 Ew.), die rund um den Jurisics-Platz in all ihrer Schönheit wiederbelebt ist.

SEHENSWERTES

Burganlage
Beim Gang durch die imposante Anlage entsteht echtes Burgfeeling. Es gibt auch ein Weinmuseum mit der befremdlichen Kuriosität, dass auf den Etiketten einiger Flaschen Abbildungen deutscher Nazi-»Größen« prangen. *Rájnis József utca*

Jurisics tér Insider Tipp
Auf dem Jurisics-Platz steht neben der gotischen *Jakobskirche* von 1404 die *St.-Emmerich-Kirche*. Das nur sechs Bankreihen kleine Kirchenschiff kontrastiert mit drei beeindruckenden Barockaltären. Das Hochaltarbild (1805) malte Stephan Dorffmeister d. J., das Tafelbild »Mariä Heimsuchung« Franz Anton Maulbertsch. Ein Blickfang ist das *Rathaus* mit seiner Barockfassade.

MUSEEN

Apothekenmuseum (Patikamúzeum)
Die große historische Apotheke, eine Gründung der Jesuiten, hat

Groß, stark und trutzig: die mittelalterliche Burganlage in Kőszeg

schöne Fresken und eine beeindruckende Einrichtung. Zu sehen ist auch ein Heilkäutergarten. *Di–So 10–17 Uhr, Jurisics tér 11*

Handwerkermuseum
In 13 Werkstätten werden traditionelle Gewerke lebendig. In einem Eckturm der Burganlage. *Di–Fr 10 bis 17, Sa 10–13 Uhr, Jurisics tér 6*

ESSEN & TRINKEN

Taverna Flórian
Mit Charme und italienisch inspirierter Küche. *Várkör 59, Tel. 94/56 30 72, €€*

ÜBERNACHTEN

Aranysárkány
In einer schön renovierten Tuchfabrik. Die Zimmer sind relativ einfach, aber komfortabel eingerichtet. Restaurant. *24 Zi., Rákóczi utca 120, Tel./Fax 94/36 22 96, €*

AUSKUNFT

Tourinform
Jurisics tér 7, Tel./Fax 56 31 21, koszeg@tourinform.hu

ZIELE IN DER UMGEBUNG

Bük **[116 B4]**
Die Thermalquellen haben Bad Bük (3200 Ew., 20 km östlich von Kőszeg) zu einem bekannten Kurort gemacht. Zu dem modernisierten *Thermalbad (Termál körút 2, Tel. 94/35 80 22, www.bukfurdo.hu)* in einer Parkanlage gehören ein Hallen-Erlebnisbad und viele Spielmöglichkeiten für Kinder. Die Kur-, Wellness- und Sportoase der Stadt ist das *Danubius Thermal & Sport Hotel Bük (200 Zi., Termal kőrút 27, Tel. 94/88 94 00, Fax 88 94 99, www.danubiushotels.com/buk, €€€).* Es liegt nahe dem *Golfclub (www.birdland.hu)*, einem der besten in Ungarn. *www.buk.hu*

Die historische Altstadt von Pápa ist vom Barockstil geprägt

Sárvár **[116 B4–5]**
Mittelpunkt des Kurstädtchens (5000 Ew.) 50 km südöstlich von Kőszeg ist das fünfeckige *Renaissance-Burgschloss.* Im *Ferenc-Nádasdy-Burgmuseum (Di–So 9 bis 17 Uhr, Várkerűlet utca 1)* mit dem großartigen Prunksaal sind Ausstellungen zu sehen. Neben der Burg liegt ein 10 ha großes *Arboretum.*

Mit 3500 m^2 Wasserfläche (Thermalhallen- und Freibäder, Erlebnisbad, normales Schwimmbad) und modernen Kureinrichtungen ist das neue *Thermal- und Wellnessbad (Sárvári Gyógyfürdő, Vadkert utca 1a, www.badsarvar.hu)* das größte in Ungarn.

In einem Park nahe dem Bad liegt das *Thermalhotel Sárvár (136 Zi., Rákóczi utca 1, Tel. 95/88 84 00, Fax 88 84 99, www.danubiusgroup.com/sarvar, €€€)* mit einem Therapiezentrum.

Szombathely **[116 A5]**
Mitten in der barocken Innenstadt liegen die Ausgrabungen der 43 v. Chr. von Kaiser Claudius gegründeten Stadt Savaria. Die Industrie- und Bezirkshauptstadt (86 000 Ew., 25 km südlich von Kőszeg) wurde im Zweiten Weltkrieg massiv zerstört. Sehenswert ist am Templom tér der 1814 vollendete Dom. Daneben liegt der Ruinengarten *Járdányi Paulovics.* Zu den freigelegten Zeugnissen des alten Savaria gehört auch ein original erhaltener Teil einer Römerstraße. Das *Bischöfliche Palais* am Berzseny tér ist ein eleganter Spätbarockpalast. Im *Freilichtmuseum (Vasi Falumúzeum, im Sommer Di–So 10–18, sonst 10–16 Uhr, Árpád utca 30)* am westlichen Stadtrand stehen reetgedeckte Häuser aus dem gesamten Bezirk.

Eine feine Hoteladresse ist das *Park Hotel Pelikán (36 Zi., Deák Ferenc utca 5, Tel. 94/51 38 00, Fax 51 38 01, www.hotelpelikan.hu, €€€).*

PÁPA

[116–117 C–D4] Geprägt ist das barocke Pápa (33 000 Ew.) vom Wirken der Adelsfamilie Esterházy. Sie war 300 Jahre lang der Burgherr des Städtchens. Rund um das herrschaftliche Schloss entwickelte sich die – weitgehend erhaltene – Bürgerstadt. Vom historischen Zentrum sind es zu Fuß nur wenige Minuten bis zum Burggartenbad, der neuen Erlebnis- und Wellnessoase im früheren Schlossgarten. Diese Attraktion macht, zusammen mit den Sehenswürdigkeiten der Stadt und den nahen Hügeln des Bakony-Gebirges, Pápa zu einem lohnenden Ziel für Wellnessgäste, aber auch für Familien und Aktivurlauber.

SEHENSWERTES

Esterházy-Schloss
Zu besichtigen ist der schönste Teil des 1783 vollendeten Schlosses: der Lesesaal der Bibliothek mit seinen Fresken. Er war einst die Schlosskapelle. Die Räume werden heute als normale Bibliothek benutzt *(1. Stock, Mo 13–19, Di–Fr 9–12 und 13–19 Uhr).*

Pfarrkirche
Der Mittelpunkt von Pápa ist die katholische Pfarrkirche in schönstem Zopfstil mit ihren 72 m hohen Türmen und Fresken von Franz Anton Maulbertsch. *Fő tér*

MUSEEN

Blaudruckmuseum
Der erste Eindruck täuscht: Hinter dem recht schmalen Eingangsgebäude liegt die komplette, sehr schön erhaltende und präsentierte Fabrikanlage der Kluge-Färberei von 1880 (vier Gebäude). *April bis Okt. Di–So 9–17 Uhr, Nov.–März Di–Sa 9–16 Uhr, Március 15. tér 12, www.museum.hu/papa/kekfesto*

Kirchenkunstmuseum
Das Museum ist Teil des Gymnasiums und zeigt sakrale Kunst der Reformierten Kirche Transdanubiens, aber auch eine ägyptische Mumie mit Sarg. *Mo–Fr 8–16 Uhr, Marcius 15. tér 9*

ESSEN & TRINKEN

Arany Griff
Das traditionsreiche, an der Fußgängerzone gelegene Haus bietet im Restaurant hauptsächlich ungarische Kost. Als Hotel (24 Zi.) war es lange Zeit das Einzige im Ort. Es ist auch ein Café mit Terrasse vorhanden. *Fő tér 15, Tel. 89/31 20 00, Fax 31 20 05, www.hotelaranygriff.hu,* €

ÜBERNACHTEN

Villa Classica
Ein neues Hotel im historischen Rahmen einer Bürgervilla. Gehobener Drei-Sterne-Komfort, Restaurant mit mediterraner und regionaler Küche, Lobbybar. *20 Zi., Bástya utca 1, Tel. 89/51 22 00, Fax 51 22 01, www.villaclassica.hu,* €€

FREIZEIT & SPORT

Zum *Burggartenbad (Várkertfürdő)* gehören das Thermalbad mit mehreren Pools, Dampfbad, Saunalandschaft, Whirlpool, Massagen, auch Kosmetik, Friseur, Squash und Restaurant, sowie ein Schwimmbad mit sechs 25-m-Bahnen und ein Freibad mit Riesenrutschen. *Thermalbad tgl. 9–22 Uhr, Schwimmbad 6–22 Uhr, Freibad 15. Mai–15. Sept. 9–20 Uhr, Várkert út 5, Tel. 89/51 26 00, www.varkertfurdo.hu*

Insider Tipp

Am Thermalbad liegt der *Thermal-Campingplatz (Várkert út 7, Tel. 89/32 07 35, www.termalcamping.de)*, einer der besten Plätze in Ungarn.

Pápas *Reitclub (Lovas utca 4, Tel. 30/929 40 05)* hat eine lange Tradition und veranstaltet regionale und nationale Turniere.

AUSKUNFT

Tourinform
Fő utca 5, Tel./Fax 89/31 15 35, papa@tourinform.hu

ZIEL IN DER UMGEBUNG

Döbrönte **[117 D5]**
Nahe Ganna (12 km südlich) liegt bei dem ungarisch-schwäbischen Dorf Döbrönte die *Burgruine Szarvaskő* von 1367. Eine Komfortoase in schönster Natur 18 km südlich von Pápa ist das Insider Tipp *Landhotel Hasik (30 Zi., Fő utca 4, Döbrönte, Tel. 89/56 99 90, Fax 56 99 91, www.hasik.hu, €€)* mit Restaurant, Pool und Tennisplätzen.

PÉCS

[123 F5] Die Stadt der schönen Künste (157 000 Ew.) mit ihrem mediterranen Flair liegt an den Ausläufern des Mecsek-Gebirges, 200 km von Budapest entfernt. Fast 2000 Jahre Geschichte prägen das faszinierende Gesicht von Pécs.

SEHENSWERTES

Dom St. Peter
Den Grundstein zum ersten Dom legte König Stephan 1009. Der heutige Monumentalbau mit den vier Ecktürmen, den Wand- und Deckenmalereien entstand 1882–91 und ist ein Meisterwerk des Historismus. *Szent István tér*

Insider Tipp **Frühchristliche Grabanlagen**
Die frühchristlichen Grabanlagen von Pécs sind als Unesco-Welterbe registriert. Zu sehen sind auch sehr seltene Katakombenmalereien aus dem 4. Jh. Zu besichtigen sind am Szent István tér *Mausoleum und Grabkammer (15. April–31. Okt. Di bis Sa 10–18, So 10–16 Uhr, 1. Nov.–14. April Di–So 10–16 Uhr).*

Hassan-Jakowali-Moschee
Das schönste türkische Bauwerk der Stadt, mit einem Minarett aus dem 16. Jh. Das Museum zeigt Kunsthandwerk und Musikinstrumente. *Rákóczi út 2*

Misina-Gipfel (Misinatető)
Einen weiten Blick in die Umgebung bietet die Aussichtssterrasse des Fernsehturms auf dem 535 m hohen Misina-Gipfel.

Moschee des Paschas Kassim Ghasi
★ Den zentralen Széchenyi-Platz beherrscht der markante Kuppelbau der 1585 vom Pascha Kassim Ghasi in Auftrag gegebenen Moschee. Nach der Türkenzeit wurde das Minarett abgetragen. Heute ist das Bauwerk die Innerstädtische Pfarrkirche St. Maria. *Széchenyi tér*

Zsolnay-Brunnen
Das prachtvolle Jugendstilobjekt am Széchenyi tér stiftete die Manufaktur Zsolnay 1912 zum Andenken an den Firmengründer.

MUSEEN

Museumsstraße Káptalan utca
In dieser vom Domplatz wegführenden Straße reihen sich die Museen. In der Nr. 4: die *Ungarische Gemäldegalerie.* In der Nr. 2, einem gotischen Propsthaus mit barockem Relief, ist die *Zsolnay-Sammlung* mit erlesenen Stücken der 1868 in Pécs gegründeten Porzellan- und

Die Moschee des Paschas Kassim Ghasi in Pécs dient jetzt als Pfarrkirche

Keramikmanufaktur zu sehen. Das *Vasarely-Museum* im Haus Nr. 3 wurde 1976 mit dem in Pécs als Győző Vásárhelyi geborenen »Vater der Pop-Art« begründet. *Alle im Sommer Di–Sa 10–18, So 10–16 Uhr, im Winter Di–So 10–16 Uhr*

ESSEN & TRINKEN

Aranykacsa
Auf der Karte der »Goldenen Ente« (mit Vinarium) stehen ungarische Spezialitäten. *Teréz utca 4, Tel. 72/51 88 60, €€*

Insider Tipp **Pezsgőház**
Im historischen Gewölbekeller der Sektkellerei Pannonia von 1859. Ungarische Gerichte mit mediterraner Note, beispielsweise Lamm in Balsamicosoße. *Szent István tér 12, Tel. 72/52 25 98, €€*

Tettye
Populäres und gutes schwäbisch-ungarisches Restaurant, in schöner Lage am Berg Tettye. *Tettye tér 4, Tel. 72/53 27 88, €€*

EINKAUFEN

Großer *Flohmarkt* (auch Antiquitäten) am 1. Wochenende jedes Monats *(Vásár tér, Fr, Sa, So 7–14 Uhr)*. *Zsolnay-Porzellan* gibt es am *Jókai tér 2;* auch hinter der Zsolnay-Fabrik *(Zsolnay Vilmos utca 24)* liegt ein Geschäft *(Felsővámház utca)*.

ÜBERNACHTEN

Millennium
Ein modernes Haus des preisgekrönten Architekten Sándor Dévényi. *25 Zi., Kálvária utca 58, Tel. 72/51 22 22, Fax 51 22 23, €€*

Palatinus
Feinster Jugendstil. Besonders prächtig: der Ballsaal im Sezessionsstil. *94 Zi., Király utca 5, Tel. 72/88 94 00, Fax 88 94 38, www.danubiushotels.com/palatinus, €€€*

AUSKUNFT

Tourinform
Széchenyi tér 9, Tel. 72/21 33 15, Fax 21 26 32, baranya-m@tourinform.hu

ZIELE IN DER UMGEBUNG

Insider Tipp **Abaliget-Höhle und Fledermaus-Museum** **[123 F5]**
Das Mecsek-Gebirge (15 km von Pécs) ist ein abwechslungsreiches Ausflugs- und Wanderziel. Auf dem Weg nach Abaliget liegt z. B. *Orfű* mit seinen Seen und Teichen. Im Ort Abaliget weist ein Schild mit der Aufschrift *Barlang* den Weg zur Höhle (500 m sind zu besichtigen). Die Höhlen und Spalten bei Abaliget sind ein idealer Lebensraum für viele Fledermausarten. Das *Fledermausmuseum (1. April–15. Okt. tgl. 10–18 Uhr, sonst bis 15 Uhr)* befindet sich nahe dem Höhleneingang. Im Wald kann man einem Lehrpfad mit Fledermaussymbolen folgen.

Kaposvár **[123 E4]**
Die geschäftige Hauptstadt (70 000 Ew., 65 km nordwestlich von Pécs) des Bezirks Somogy hat nur wenig historische Bausubstanz. Sehenswert sind jedoch die lebhafte *Fő utca* (Hauptstraße) mit dem barocken *Dorottya-Haus* (Nr. 1, Hotel Dorottya) und dem *Neorenaissance-Rathaus* von 1902 (Nr. 10), das *Jugendstil-Theater* von 1911 *(Rákóczi tér)* sowie die neoromanische *Nagyboldogasszony-Kathedrale* von 1886 *(Kossuth tér)*. Das *Kapos Restaurant & Bit-Kaffeehaus* gehört zum *Hotel Kapos (80 Zi., Kossuth tér, Tel./Fax 82/31 60 22, www.kaposhotel.hu, €)*.

Die mediterrane Atmosphäre von Pécs ist zum Flanieren wie geschaffen

Szekszárd [124 B4]
52 km nordöstlich liegt die hervorragende Rotweinregion Szekszárd. Wenn Sie in der Stadt (36 000 Ew.) vom Garay tér zum Béla tér hinauffahren, kommen Sie zum klassizistischen *Komitatshaus* von 1830, dem *Rathaus* im Sezessionsstil und zur *Belvárosi-Kirche* von 1805, einer der größten Hallenkirchen in Ungarn. Szekszárds Unterwelt ist ein Labyrinth aus 4500 Weinkellern. Am *Garay tér 19* lernen Sie im Weingeschäft *Garay Pince* die besten Weine der Region kennen, beispielsweise die ausgezeichneten Rotweine des Winzers Péter Vida.

Insider Tipp

SOPRON

[116 A3] Die zauberhafte mittelalterliche und barocke Stadt (57 000 Ew.) zwischen den Soproner und den Balfer Hügeln ist ein kulturhistorisches Gesamtkunstwerk. Die meisten Sehenswürdigkeiten liegen in der von der ovalen Stadtmauer umschlossenen, autofreien Innenstadt, in die man durch Burgtore gelangt.

SEHENSWERTES

Benediktinerkirche
Dreischiffige gotische Kirche aus dem 13./14. Jh. mit einem 43 m hohen Turm und barocker Innenausstattung von 1750. Das Kloster neben der Kirche ist eines der schönsten gotischen Bauwerke der Stadt. *Templom utca*

Fő tér von Sopron
★ Durch das *Vordere Tor (Előkapu)* gelangt man zum zentralen Fő tér (Hauptplatz). Sein Grundriss ist seit dem 13. Jh. nahezu unverändert. Hier steht das Symbol der Stadt, der *Feuerturm (April–Okt. tgl. 10 bis 18 Uhr)*. Von dem umlaufenden Renaissance-Arkadengang hat man einen herrlichen Ausblick. Die Platzmitte gehört der barocken *Dreifaltigkeitssäule*.

Synagoge
Das Gotteshaus wurde von 1300 bis 1320 errichtet. Gezeigt wird eine Ausstellung über das Leben der Soproner Juden. *Mai–Sept. Di–So 10–18 Uhr, Új utca 22–24*

MUSEEN

Museen am Fő tér
Das Haus *Fő tér Nr. 2* war von 1642 bis 1967 eine Apotheke und ist heute *Apothekenmuseum (Jan. bis März Di–So 10–14 Uhr, April–Sept. 10–18 Uhr)*. Im *Fabricius-Haus (Jan.–März Di–So 10–14 Uhr, April bis Sept. 10–18 Uhr, Fő tér 6)* sind im gotischen Keller römische Skulpturen, Gräber und andere Funde zu besichtigen, im barocken vorderen Teil Bürgerwohnungen aus dem 17. und 18. Jh. Das *Storno-Haus (Jan. bis März, Okt.–Dez. Di–So 10–14 Uhr, April–Sept. Di–So 10–18 Uhr, Fő tér 8)* mit dem barocken Erker zeigt den Nachlass der reichen Soproner Familie Storno.

ESSEN & TRINKEN

Jégverem Fogadó
In diesem traditionellen Gasthof in einem 250 Jahre alten Haus wird gute ungarische Hausmannskost in gepflegtem Rahmen serviert. Auch Pension (Zimmer und Apartments). *Jégverem utca 1, Tel./Fax 99/ 51 01 13, www.jegverem.hu,* €€

Mediterrano
Italien stand Pate bei diesem Eventkomplex mit vier Restaurants: Die Jungen zieht's ins trendige *Spago (€)*, Familien ins *Toscana (€€)*, für die feinere Küche gibt's das *Il Grande (€€)*. Frühstück, Kaffee und Cocktails stehen im *Gino* auf der Karte. *Lackner Kristóf utca, Tel. 99/ 51 25 60, www.mediterrano.hu*

ÜBERNACHTEN

Fagus
Das neue Vier-Sterne-Hotel im Wald hat einen 900 m^2 großen Wellnessbereich. Eine schöne Abendatmosphäre mit Weitblick bietet das feine Dachrestaurant. *132 Zi., Ojtózi fasor 3, Tel./Fax 99/52 32 45, www.hotelfagus.hu, €€€*

Insider Tipp

Rosengarten
Dieses kleinere unter den neuen Hotels in Sopron hat ein gutes Restaurant. Wellnessbereich mit Beautysalon. *26 Zi., Lackner Kristóf utca 64, Tel. 99/51 36 13, Fax 51 36 33, www.rosengarten.hu, €–€€*

Villa Mimi
Die Pension in einer Gartenvilla von 1881 besticht durch die Kombination von Tradition und modernem Design. *5 Zi., 1 Suite, Honvéd utca 5, Tel. 30/237 02 75, Fax 99/ 51 23 81, www.mimi-ameli.com, €*

FREIZEIT & SPORT

Auf einem *Radwanderweg* kann der gesamte Neusiedler See (Fertő tó) umrundet werden. Die außerhalb von Sopron gelegenen so genannten *Lővers* waren schon im 19. Jh. eine beliebte Naturoase. Den stadtnahen *Unter-Lőverek* trennt ein Waldgürtel von *Ober-Lőverek*. Markierte Wanderwege führen zu Aussichtspunkten. Am *Lőver kert 82* liegen das Freibad und ein Hallenbad. Schön gelegen ist die 1000 m lange Bobbahn *(Bécsi domb, tgl. Juni–Aug. 9–19 Uhr, April–Sept. bis 17 Uhr, an der Straße 84)*. Über eine kurvenreiche Strecke geht es hinab zur Talstation.

Insider Tipp

AUSKUNFT

Tourinform
Előkapu utca (Feuerturm), Tel. 99/33 85 92, Fax 33 88 92, www.sopron.hu

ZIELE IN DER UMGEBUNG

Balf **[116 A3]**
Auf dem Hügel oberhalb des Kurortes thronen Burg- und Burgkirche aus dem 13. Jh. Bekannt ist Balf für sein schwefelhaltiges Thermalwasser. Die barocke Badkapelle von 1773 im Kurpark schmücken Fresken von Stephan Dorffmeister. *8 km südöstlich von Sopron*

Schloss Fertőd **[116 B3]**
★ In Fertőd (3000 Ew.), 30 km südöstlich von Sopron, baute sich Miklós Fürst Esterházy aus dem Jagdschloss der Familie ab 1763 sein »ungarisches Versailles«, das prachtvollste Barockschloss des Landes. 1761 verpflichtete der Fürst den Komponisten Joseph Haydn, unter dessen Regie monatlich mindestens eine Oper in glanzvollem Rahmen aufgeführt wurde. Teile des Schlosses sind im Rahmen von Führungen zu besichtigen *(Jan. bis März Di–So 10–16 Uhr, April bis Okt. 10–18 Uhr, Joseph Haydn utca 2)*. Das Schloss ist im Sommer

Prächtigstes Barockschloss des Landes: Fertőd, das »ungarische Versailles«

Schauplatz musikalischer Events (Konzerte und Haydn-Festival).

5 km von Fertőd, in *Fertőszéplak,* liegt ein *Freilichtmuseum (Mai bis Sept. Di–So 9–17 Uhr, Nagy Lajos utca 33–37)* mit fünf Häusern in schönem Bauernbarock.

SZÉKESFEHÉRVÁR

[117 F5] Die Stadt (120 000 Ew.) wurde im Zweiten Weltkrieg stark zerstört, doch die restaurierte Altstadt zeigt noch einiges vom einstigen Glanz der Stadt. Das frühere Alba Regia bzw. Stuhlweißenburg war 500 Jahre lang ein Zentrum des ungarischen Reiches. In der 1018 von König Stephan gestifteten Basilika wurden 38 Könige gekrönt und 15 Herrscher beigesetzt.

SEHENSWERTES

Bischofspalast und Rathausplatz

Der Rathausplatz (Városház tér) ist der Kern der historischen Stadt. Bischof János Milassin ließ 1790 an der Stelle der zerstörten Basilika einen spätbarocken Bischofspalast bauen. In der Platzmitte steht der *Reichsapfelbrunnen*, der 1938, am 900. Todestag von König Stephan, aufgestellt wurde.

Dom und St.-Anna-Kapelle

Der barocke Dom entstand zwischen 1758 und 1768. Die Fresken schuf Johann Ignaz Cymbal. Die St.-Anna-Kapelle neben dem Dom ist ein spätgotisches Kleinod von 1478 und das einzige vollständig erhaltene mittelalterliche Bauwerk der Stadt. *Géza nagyfejedelem tér*

MUSEEN

Freilichtmuseum (Skanzen)
Im alten Serbenviertel liegt das Freilichtmuseum mit schönen alten Häusern und der *orthodoxen Kirche* aus dem 18. Jh. mit einer bemerkenswerten Ikonostase von 1771. *März–Nov. Di–So 10 bis 16 Uhr, Rác utca 11*

König-Stephan-Museum
Ein wichtiges Museum mit bedeutender archäologischer, kunst- und volkskunstgeschichtlicher Sammlung. *Di–So 10–16 Uhr, Fő utca 6*

Ruinengarten (Romkert)
Im Ruinengarten sind rekonstruierte Teile der Stadtmauer zu besichtigen. Im Lapidarium werden unter anderem Überreste der Krönungsbasilika und des Stephans-Sarkophags ausgestellt. *April–21. Okt. Di bis So 10–16 Uhr, Koronázó tér*

ESSEN & TRINKEN

Szárcsa Csárda
Ein behagliches Haus, eingerichtet im Stil der Wende zum 20. Jh., auch Pension (21 Zi.). *Szárcsa utca 1, Tel. 22/32 57 00, €€*

ÜBERNACHTEN

Novotel
Komforthotel mit Wellnessbereich und einer schönen Gartenterrasse. *144 Zi., Ady Endre utca 19–21, Tel. 22/53 43 00, Fax 53 43 50, €€€*

AUSKUNFT

Tourinform
Városház tér 1, Tel. 22/31 28 18, Fax 50 27 72, feher-m@tourinform.hu

ZIELE IN DER UMGEBUNG

Martonvásár **[118 A6]**
Das im Stil englischer Tudor-Gotik erbaute *Schloss Brunswick (Brunszvik-kastély)* in einem 40 ha großen Park ist der architektonische Glanzpunkt des Ortes (5000 Ew.). Ludwig van Beethoven machte das Schloss berühmt, denn er komponierte dort zwischen 1800 und 1820 wichtige Werke. Ein *Museum (Di–Fr 10–12 und 14–18, im Winter bis 16 Uhr, So 10–16 Uhr)* erinnert daran. Im Schlosspark werden im Sommer Beethoven-Konzerte veranstaltet. *25 km nordöstlich von Székesfehérvár*

Tác-Gorsium **[117 F5]** Insider Tip
Die Ausgrabungsstätte in Tác, 16 km südlich von Székesfehérvár, ist eine attraktive und kulturhistorisch interessante Anlage. Die römische Siedlung war im 1. Jh. n. Chr. das geistige Zentrum der Provinz Pannonien. *April–Ende Okt. Di–So 10–18 Uhr, Nov.–März 10–16 Uhr*

TATA

[117 F3] Die »Wasserstadt« Tata (24 000 Ew.) war im 17./18. Jh. eine schmucke Residenzstadt mit Wasserburg und Schloss, geprägt von der Adelsfamlie Esterházy. Angesiedelt wurden auch viele Deutsche (so genannte Donauschwaben), deren Geschichte ein Museum in der Alkotmány utca erzählt. In den letzten Jahren sorgte der Golfplatz für Impulse zur Wiederbelebung des Städtchens, in dessen Mitte der große Öreg-See liegt. Es gibt in und um den Ort weitere kleinere Seen, viele Quellen, Wiesen und Hügel, die zum Baden und Angeln, zu Wanderungen oder Ausritten einladen.

SEHENSWERTES

Burg/Museum Kuny Domokos

Die einst königliche Wasserburg wurde von den Esterházys zum Renaissance-Burgschloss ausgebaut. Im Museum sind archäologische Funde und Volkskunst zu sehen. *15. April–15. Okt. Di–So 10–18 Uhr, sonst Mi–Fr 10–14, Sa, So 10 bis 16 Uhr, Öregvár 3*

Esterházy-Schloss

Bei einer Führung wird ein Erlebnis der speziellen Art geboten: die Besichtigung eines leer stehenden Schlosses. *Führungen April–Okt. zu jeder vollen Stunde, Kastély tér*

Uhrenturm

Vom 1763 errichteten hölzernen Uhrenturm erklingt zu jeder vollen Stunde ein Glockenspiel. *Országgyűlés tér*

MUSEUM

Skulpturenmuseum

Das Museum in der ehemaligen Synagoge zeigt fast 100 Abgüsse weltberühmter griechischer und römischer Plastiken wie der Venus von Milo und der Laokoongruppe. *April–Sept. Di–So 10–18 Uhr, sonst nach Anmeldung, Tel. 34/38 12 51, Hösök tere 7, kunyd@freemail.hu*

ESSEN & TRINKEN

La Casa

Südliches Ambiente, unweit der Burg. Auf der Speisekarte stehen mediterrane und ungarische Gerichte. *Országgyülés tér 3, Tel. 20/957 10 75, www.lacasa.hu,* €

ÜBERNACHTEN

Diana Golf Hotel

Am Golfplatz, im einstigen Jagdschloss der Grafen Esterházy. Mit Restaurant, Pool, Tennisplätzen. *40 Zi., Remeteségpuszta, Tel. 34/58 77 20, Fax 58 76 23, www.oldlakegolf.com,* €€€

Gottwald Hotel

Familienfreundliche Anlage am Öreg-See. Bayrische Behaglichkeit. Pool, Restaurant, Garten mit großen Terrassen. *40 Zi., Fekete út 1, Tel. 34/58 61 14, Fax 48 79 27, www.gottwald.hu,* €

Penta Lux

Hotel- und Apartmentanlage in Seenähe, auch gute Wohnmöglichkeiten für Familien. *14 Zi., Boróka utca 10–12, Tel. 34/48 76 03, Fax 58 81 41, www.hotels.hu/penta,* €

FREIZEIT & SPORT

Der *Old Lake Golf Club (Remeteségpuszta, Tel./Fax 34/58 76 20, www.oldlakegolf.com)* ist ein Par-71-Turnierplatz. Unterricht in der »Porsche Golf Academy«.

Squash spielen kann man im *Berta Squash- und Fitness-Centrum (Mikovényi utca 60, www.bertacentrum.hu).*

3 km von der Stadtmitte liegt das *Fényes-Bad (1. Mai–15. Sept., Vízipark, ausgeschildert, Tel. 34/48 12 08, Fax 58 81 44, www.fenyesfurdo.hu)* in einem Naturschutzgebiet. Mit Camping und Bungalowanlage.

AUSKUNFT

Tourinform
Ady Endre út 9, Tel./Fax 34/58 60 45, tata@tourinform.hu, www.tata.hu

ZIEL IN DER UMGEBUNG

Komárom **[117 E3]**
Die gewaltige, nahe der Donau gelegene *Monostor-Festung (13. März–31. Okt. Di–So 9–17 Uhr, deutschsprachige Führungen Sa 10 Uhr, Dunapart 1, Tel./Fax 34/ 54 05 82, ab 16 Uhr 34/34 19 68, www.fort-monostor.hu)* wurde in den Jahren 1850–71 zum Schutz von Wien errichtet. In der Anlage mit Museum und Café gibt es von Juni bis Sept. Programme (Operngalas, Reitertage). Das *Thermalbad (tgl. 9–19 Uhr, Táncsics Mihály utca 34–36)* bietet z. B. sechs Badepools, ein Erlebnisbecken, eine Schwimmhalle und Therapien. Ein Campingplatz *(Solaris Camping, Tel. 34/34 25 51, komthermal@ komthermal.hu)* liegt direkt am Thermalbad. *20 km von Tata*

VESZPRÉM

[117 E5] Die »Stadt der Königinnen«, auf fünf Hügeln erbaut, besticht durch das weithin sichtbare Burgviertel und ein reges Kulturleben. Gegründet wurde sie von König Stephan im 11. Jh. als Bischofssitz. Seine Gemahlin Gisela war die erste Herrscherin, die in Veszprém residierte. Vom 14. Jh. bis zur Türkeneroberung (1552) war Veszprém durch die Bischöfe und die Präsenz der jeweiligen Herrscherin ein geistiges und weltliches Zentrum der Macht. Ihr barockes Gesicht verdankt die Stadt (60 000 Ew.) dem Anfang des 18. Jhs. begonnenen Wiederaufbau.

SEHENSWERTES

Burgviertel (Várnegyed)
★ Das kleine, vollständig restaurierte Burgviertel auf der Hügelhöhe hat viel historischen Charme. Zu sehen sind unter anderem der *Feuerturm,* die *Georgskapelle* und der *Dom St. Michael, die Gisela-Kapelle (Mai–Mitte Okt. tgl. 9–17 Uhr)* mit ihren Apostelfresken und das barocke *Bischofspalais (Führungen stdl., Mai–Aug. 9.30–17.30 Uhr).* Am hinteren Ende stehen die Statuen des Königspaars Stephan und Gisela. Von hier aus hat man einen wunderbaren Ausblick.

MUSEUM

Königin-Gisela-Museum
Das wertvollste Exponat des Kirchenkunstmuseums ist ein golddurchwebtes Messgewand von 1480. *Mai–Aug. 9.30–17.30 Uhr, Vár utca 35*

ESSEN & TRINKEN

Tapó Insider Tipp
Mit Blick auf den Burgberg sitzt man unter Gewölbedecken in geschmackvollem Landhausdesign mit einigen Afrika-Akzenten. Ungarische Küche. *Patja utca 19, Tel. 88/59 14 50, www.tapo.hu,* €€

ÜBERNACHTEN

Olivia
In der historischen Innenstadt, mit italienischem Charme; auch ein gu-

tes Restaurant mit Grillgarten. *11 Zi., Buhim utca 14–16, Tel./Fax 88/40 38 75, www.olivia.hu, €€*

AUSKUNFT

Tourinform

Vár utca 4, Tel./Fax 88/40 45 48, www.veszprem.hu

ZIELE IN DER UMGEBUNG

Herend **[117 D5]**

Die 1826 gegründete *Porzellanmanufaktur* machte den Namen Herend weltweit berühmt. Sie können dort Malern bei der filigranen Arbeit zuschauen und einzigartige Museumsstücke besichtigen *(im Sommer tgl. 9–16.30, im Winter Di bis Sa 9–15.30 Uhr, www.herend.com, Kossuth Lajos utca 140).* Im eleganten Restaurant und Kaffeehaus *Apicius (Tel. 88/52 32 34, €€€)* essen die Gäste von kostbarem Herend-Porzellan. *16 km nordwestlich von Veszprém*

Zirc **[117 E4–5]**

Wie bedeutend die *Zisterzienserabtei* von 1182 einmal war, zeigt sich noch immer an den Ausmaßen des Klosters. *Die Kirche (Mo–Sa 9–17, So 11–17 Uhr)* wurde 1750 im spätbarocken Stil umgebaut. Franz Anton Maulbertsch malte das Bild des Hochaltars. Ein Schmuckstück ist die kostbare *Bibliothek* im Stiftsgebäude *(Di–So 10–12 und 14 bis 16 Uhr).* Wenige Autominuten nordwestlich von Zirc liegt – in freier Natur, nahe dem höchsten Bakony-Berg Kőris (709 m) – das *Hotel Szépalma (34 Zi., Porva-Szépalma, Tel. 88/46 88 88, Fax 46 88 89, www.szepalma.hu, €€)* mit gutem Restaurant. Das Anwesen war einst ein Gestüt der Grafen Esterházy. *15 km nördlich von Veszprém*

Blick in die Bibliothek der Zisterzienserabtei Zirc

Urlaubsoase Ungarisches Meer

Badefreuden und Csárda-Romantik, Vulkane, Yachthäfen und traditionsreiche Weindörfer

Für die Ungarn ist der Balaton, auf Deutsch Plattensee, ihr »Ungarisches Meer«. Mit 77 km Länge, 196 km Uferlinie und 598 km^2 Wasserfläche ist er der größte See Mitteleuropas. Ausführliche Informationen finden Sie im MARCO POLO Reiseführer »Plattensee«.

Strandpromenade in Balatonfüred

BALATONFÜRED

[123 E1] Der Gyógy-Platz mit dem Trinkhaus von 1800 ist das Herz dieses einst mondänen Bade- und Kurorts (15 000 Ew.). Balatonfüred mit seinen schönen alten Villen gewinnt mit jedem Jahr mehr an Glanz zurück. Das jüngste Projekt ist die Sanierung der historischen Bauten am Gyógy-Platz. Er öffnet sich zum Balatonufer und mündet in eine Allee mit Panoramablick: die von Platanen gesäumte *Rabindranath-Tagore-Promenade.*

ESSEN & TRINKEN

Bergmann cukrászda
Die Kuchen dieser Konditorei sind die besten am Balaton. *Petőfi Sándor utca 64, Tel. 87/34 10 87, und Zsigmond utca 1, Tel. 87/48 27 63*

Hordó Csárda
In dieses rustikale Gasthaus kehrt der spanische König Juan Carlos gern ein, wenn er in einem nahe gelegenen Jagdgebiet zu Gast ist. *Von der Straße 7 (Richtung Tihany) an der Shell-Tankstelle rechts hoch, Tel. 87/48 20 17, €*

Stefánia Vitorlás
Bei der Mole, im Sommer abends Livemusik und Programm. *Tagore sétány 1, Tel. 87/34 34 07, €€*

ÜBERNACHTEN

Blaha Lujza
Einst die Sommerresidenz der Sängerin Lujza Blaha. Das Anwesen

Angleridyll auf der Halbinsel Tihany am Nordufer des Balaton

Kurgesund: Héviz besitzt den größten Thermalwassersee der Welt

mit dem Säulenportal hat auch ein stilvolles Restaurant mit Innenhofterrasse. *22 Zi., Blaha Lujza út 4, Tel. 87/58 12 10, Fax 58 12 19, www.hotelblaha.hu, €€*

Veronika

Nahe am Strand, mit Pool. Die Zimmer sind auch mit einer Miniküche ausgestattet. Familienfreundliche Atmosphäre. *8 Zi., Munkácsy M. utca 10, Tel. 87/34 00 22, www.veronikahaus.hu, €*

AUSKUNFT

Tourinform

Petőfi utca 68, Tel. 87/58 04 80, Fax 58 04 81, balatonfured@tourinform.hu

ZIEL IN DER UMGEBUNG

Insider Tipp **Káli-Becken** [123 D–E2]

Zauberhafte Landschaft des Balaton-Oberlandes, zu entdecken auf einem 27-km-Rundkurs, der von *Zánka (20 km südwestlich von Balatonfüred)* durch die einstigen Kleinadelsdörfer *Köveskál, Szentbékkálla, Mindszentkálla, Kékkút, Salföld* und *Kővágóörs* führt. Ein Platz zum Wohlfühlen ist das Landhotel *Káli Art Inn (10 Zi., Fő utca 8, Tel. 87/70 60 90, Fax 46 84 12, www.kali-art.com, €€€)* in Köveskál.

KESZTHELY

[122 C2] Mittelpunkt des wunderschönen Städtchens (23 000 Ew.) im äußersten Westen des Balaton sind die vollständig restaurierte Innenstadt und das prächtige Schloss Festetics.

SEHENSWERTES

Schloss Festetics

★ Mit dem Bau begann der Geheimrat Kristóf Festetics 1745. Sein heutiges, prachtvolles Gesicht verdankt das Schloss dem von Taszilό Festetics 1883–87 veranlassten Ausbau. Zugänglich ist jetzt auch

Insider Tipp

der historische Weinkeller. Dort werden 1500 Weine der besten ungarischen Winzer präsentiert. Wer an der Kasse ein Ticket kauft (ca. 10 Euro), kann bis zu 40 Weine verkosten. *Schlossmuseum Helikon, Di–So 10–18 Uhr, Kastély utca 1*

MUSEUM

Balaton-Museum
Interessante Ausstellung zur Geschichte des Sees. *April–Okt. Di–So 10–18 Uhr, Nov.–März Di–Sa 10 bis 17 Uhr, Múzeum utca 2, Eingang Kossuth Lajos utca*

ESSEN & TRINKEN

Vadaskert Csárda
Wild- und Fischgerichte spielen eine Hauptrolle auf der Speisekarte. Es wird gut gekocht, man isst in gemütlichem Rahmen. Die Csárda (mit Terrasse) liegt direkt am Wald. *Im Ortsteil Kertváros, Hévízi út, Tel. 83/31 27 72, €€*

ÜBERNACHTEN

Admiral
Pension mit schönem Garten (Pool) und großzügig geschnittenen Zimmern. *24 Zi., Pázmány Péter utca 1, Tel. 83/31 43 68, Fax 31 41 43, www.admiralpanzio.hu, €*

Helikon
Sport- und Familienhotel direkt am Balaton mit eigener Strandinsel. *232 Zi., Balatonpart 5, Tel. 83/88 96 00, Fax 88 96 09, www.danubiusgroup.com/helikon, €€*

AUSKUNFT

Tourinform
Kossuth utca 28, Tel./Fax 83/31 41 44, www.west-balaton.hu

ZIELE IN DER UMGEBUNG

Badacsony [123 D2]
★ Wie ein Göttersitz steht der Basaltbrocken Badacsony am See (15 km östlich von Keszthely). Vom Hafen in dem kleinen, gleichnamigen Ort geht es zwischen Weinstöcken aufwärts. Gänsegerichte sind die Spezialität der *Ludas Csárda (Római utca 119, Tel. 87/43 25 80, €€)* in *Badacsonylábdihegy.*

Hévíz [122 C2]
★ Der rund 45 000 m² große Thermalwassersee ist die Attraktion

MARCO POLO Highlights »Balaton«

★ **Schloss Festetics**
Das drittgrößte Schloss Ungarns (Seite 48)

★ **Hévíz**
Der Kurort am einzigartigen Thermalwassersee (Seite 49)

★ **Badacsony**
Berühmter Weinberg und Urlaubermagnet (Seite 49)

★ **Tihany**
Die Halbinsel ist eine Perle des Balaton (Seite 51)

des bekannten Kurorts (6100 Ew.). Zugang zum Seebad *Tófürdő: Dr. Schulhof Vilmos sétány 1 (im Sommer 8.30–18 Uhr, im Winter 9 bis 17 Uhr)*. In Naturstein gebaut ist das *Kis Helikon (23 Zi., Kossuth Lajos utca 72, Tel./Fax 83/34 07 54, www.hotels.hu/kis_helikon, €€)*. Im Villenviertel liegt die Komfortpension (mit Pool) *St. Martin Villa (Info Tel./Fax 83/31 42 88, www.keszthelytourist.hu, €€)*. Im Ortsteil *Egregy* geht es steil bergauf und bergab. Dort, im Weingürtel von Hévíz, liegt das stimmungsvolle Insider Tipp Restaurant *Római Pince (Dombföldi utca 2023/1, Tel. 30/916 99 16, €€)* mit guter ungarischer Küche und einer großen Weinauswahl. *3 km nordwestlich von Keszthely*

Burg Sümeg **[123 D1]**
Eine gut erhaltene Anlage aus dem 14. Jh. In der *Himmelfahrtskirche (Szent Imre tér)* sind wertvolle Fresken von Franz Anton Maulbertsch zu sehen. *22 km nördlich von Keszthely*

SIÓFOK

[123 F2] Die Stadt (25 000 Ew.) ist schon von weitem an ihrem Wahrzeichen, dem 1912 errichteten, 45 m hohen Wasserturm, zu erkennen. Der nahe dem Wasserturm gelegene Szabadság tér ist ein kleines Imre-Varga-Freiluftmuseum. Der auch international angesehene Bildhauer wurde in Siófok geboren. Auf dem Platz stehen sechs Skulpturen des Künstlers, darunter der Brunnen »Geburt der Venus« und die Skulpturengruppe »Menschen mit Schirm«. Im Sommer ist Siófok der lebhafteste Ort am Balaton.

MUSEUM

Eiermuseum (Tojás Múzeum)
Zu sehen ist jede Art Kunst am Ei. *Tgl. 10–18 Uhr, Szücs Menyhért utca 4*

ESSEN & TRINKEN

Cocktail Drink Insider Tipp
Von morgens bis nachts ein Treffpunkt. Köstliche Drinks, Shakes und Eisbecher. *Mártírok utca 8, Tel. 30/351 16 93, €€*

Csárdás
Mit typisch ungarischem Flair. *Fő utca 105, Tel. 84/31 06 42, www.restaurantguide.hu/csardas, €€*

Wiener Kávéház
Vom Frühstück bis zum Abendessen eine gute Adresse. Preiswerte Tagesmenüs. *Szabadság tér 10/b, Tel. 84/31 30 51, www.wienerkaffee.fw.hu, €*

ÜBERNACHTEN

Azúr
Neue Hotelanlage am Balatonufer. Große Badelandschaften, Kinder- und Wellnessprogramme. *220 Zi., Erkel Ferenc utca 2/C, Tel. 84/50 14 00, Fax 50 14 27, www.hotelazur.hu, €€€*

Kentaur
Zweistöckige Hotelanlage im Landhausstil. *25 Zi., Akácfa utca 1, Tel./Fax 84/35 00 01, www.hotels.hu/kentaur-siofok, €€*

AM ABEND

Das Angebot reicht von der Operette im *Kulturzentrum (Fő tér 2)* bis zum Diskotempel *Palace Club (Siófok-Ezüstpart)*. Partymagnet am Petőfi-Strand ist das *Coca Cola Beach House.*

AUSKUNFT

Tourinform
Víztorony (im Wasserturm), Tel. 84/31 53 55, Fax 31 01 17, www.siofokportal.com

TIHANY

[123 E2] ★ Die Halbinsel (1800 Ew.) mit ihren denkmalgeschützten Fischerhäusern und reetgedeckten Höfen ragt 5 km in den See hinein, ist 12 km² groß und steht unter Naturschutz. Überwältigende Ausblicke hat man vom Plateau hinter der Abtei. Tihany ist auch eine Shoppingoase (Keramikgeschäfte).

SEHENSWERTES

Abteikirche
Barocke Kirche (1740–54) mit reicher Innenausstattung. Das Kloster gründete König András I. Sein Grab von 1060 ist der einzige erhaltene Teil der Urkirche. *I. András tér*

Kraterseen
Der *Innere See (Belső-tó)* liegt 25 m über dem Balaton und ist ein ideales Angelrevier. Am *Äußeren See (Külső-tó)* leben viele seltene Vögel.

MUSEUM

Freilichtmuseum
Zu besichtigen sind unter anderem das Haus der Fischerzunft und ein Töpferhaus. *Di–So 10–18 Uhr, Batthyány Lajos utca 20*

ESSEN & TRINKEN

Rege cukrászda
Mit einzigartigem Blick von der Caféterrasse. *Kossuth Lajos utca 22, Tel. 87/44 82 80, €€*

Tűz kert
Schönes Reetdach-Bauernhaus und köstliche Gerichte aus dem typischen gemauerten Bauernofen, der im Garten steht. *Batthyány utca 15, Tel. 87/43 80 60, €€*

ÜBERNACHTEN

Club Tihany
Strandhotel mit großem Sportzentrum, eigener Thermalquelle, Kur- und Beautyzentrum. *330 Zi., 160 Bungalows, Rév utca 3, Tel. 87/53 85 00, Fax 44 80 83, www.clubtihany.hu, €€–€€€*

Nyírfa-Ház
Die Apartmentanlage mit den drei reetgedeckten Häusern von 1830 ist eine Wohlfühloase. *16 Apartments, Major utca 21/61, Tel. 30/916 62 69, Fax 87/44 86 87, €€*

AUSKUNFT

Tourinform
Kossuth Lajos utca 20, Tel./Fax 87/44 88 04, tihany@tourinform.hu

ZIEL IN DER UMGEBUNG

Balatonudvari **[123 E2]**
Csárda-Romantik vom Besten bietet das hoch über dem See gelegene reetgedeckte Restaurant *Laci Pince* (Insider Tipp) *(2,5 km von der Straße 71, Tel. 87/70 48 22, €€)* mit guter Küche, hauseigenen Weinen und einer großen Terrasse.

Eine Landschaft, die verzaubert

Berge und Burgpaläste, zauberhafte Städtchen, Kunst und viel Geschichte

Natur und Kultur verbinden sich im Donauknie zu einer einzigartigen Symbiose. Einen entscheidenden Beitrag zum Liebreiz der Region leistet die Donau, die sich nahe Esztergom aus der West-Ost-Richtung nach Süden wendet und dann gleich wieder nach Osten, um bei Visegrád gen Norden und schließlich erneut nach Süden zu strömen. Gesäumt wird das Flussbett von romantischen Hügellandschaften wie dem Börzsöny-Gebirge und den Pilis-Bergen. Bis zur ersten Donauschleife bei Vác sind es vom Stadtzentrum der Donaumetropole Budapest etwa 40 km.

Mittelalterliche Burgen und Königshöfe, ein blühendes Bürgertum, Kunst und Religionen haben das Land am Strom zu einem Schmelztiegel der Geschichte gemacht. Die Spuren dieser Vergangenheit sind die Highlights von heute und laden zu Touren durch zauberhafte Kleinstädte, Dörfer und Landschaften dieser an Kunstschätzen und Charme so reichen Region ein.

Autofähren über die Donau gibt es bei Vác und Visegrád, eine Brücke in Esztergom (zur Slowakei).

Wie in einer anderen Welt: im Boot auf der Donau

Imposant: die Basilika in Esztergom

BUDAPEST

Karte in der hinteren Umschlagklappe

[118 B5] Auf der einen Seite das hügelige Buda mit Burgberg und Fischerbastei, auf der anderen das flache Pest mit dem Parlament, dazwischen die Donau und ihre Brücken – Budapest ist eine so großartige wie großartig gelegene Stadt. Ihr eklektizistisch geprägtes Gesicht verdankt sie einem unvergleichlichen Bauboom im 19. und 20. Jh. Trotz ihrer fast 2 Mio. Einwohner erleben Besucher die Stadt als überschaubar und kompakt, denn die wichtigsten Sehenswürdigkeiten liegen nah beieinander auf dem Burgberg und in der gegenüberliegenden Pester Innenstadt. Der schönste Weg zum Burgberg ist die

Standpunkt für ein phantastisches Donaupanorama: die Fischerbastei

Fahrt mit der Standseilbahn (Kettenbrücke, Clark Ádám tér) zur Bergstation Szent György tér.

Ausführliche Informationen finden Sie im MARCO POLO Reiseführer »Budapest«.

SEHENSWERTES

Andrássy út **[U C–E 2–4]**
Die »Champs-Elysées« von Budapest gehören zum Unesco-Welterbe. Der Prachtboulevard, 1886 vollendet, öffnet sich vom Oktogon an von 34 auf 45 m Breite.

Burgpalast (Budavári palota) **[U B4–5]**
Der erste, später völlig zerstörte Königssitz wurde im 13. Jh. errichtet. 1715 begann der Bau eines barocken Palastes. Nach den Zerstörungen im Zweiten Weltkrieg erhielt der Palast ein neobarockes Gesicht. Er beherbergt die Nationalbibliothek und Museen. *Szent György tér*

Fischerbastei (Halászbástya) **[U A4]**
★ Das Treppen- und Bastei-Ensemble wurde 1899–1906 auf den Mauern einer mittelalterlichen Befestigungsanlage errichtet. Der Name rührt daher, dass einst die Fischerzunft für die Verteidigung dieses Teils der Burgmauer zuständig war. *Szentháromság tér*

Gellértberg (Géllerthegy) **[U B6]**
135 m hoch liegt der Hügel mit der Freiheitsstatue über dem Budaer Donauufer. Seine Thermalquellen speisen drei Thermalbäder, so auch das benachbarte Gellért-Bad. Von der Zitadelle auf der Kuppel hat man den weitesten Blick über die Stadt. *Szirtes út, Citadella sétány*

Heldenplatz (Hősök tere) **[U E2]**
Das Millenniumsdenkmal auf dem Heldenplatz wurde aus Anlass des tausendsten Jahrestages der Landnahme von 896 in Auftrag gegeben.

Seine 21 Statuen erzählen die Geschichte des Landes.

Margareteninsel (Margit sziget) **[U B1–2]**
Die 2,5 km lange und 500 m breite Donauinsel ist ein Erholungs- und Erlebnispark mit Hotels, Open-Air-Bühne, Hallen- und Freibad und einer Klosterruine.

Matthiaskirche (Mátyás templom) **[U A4]**
In dieser neoromanischen Königskirche wurde 1867 das österreichische Kaiserpaar Franz Joseph und Sissi gekrönt. *Szentháromság tér*

Oper (Operaház) **[U C–D4]**
Prachtbau (1875–84) von Miklós Ybl. Der Theatersaal besticht durch seine üppigen Vergoldungen, die prachtvollen Lüster und Wandmalereien. *Andrássy út 20*

Parlament (Országház) **[U B3]**
Von 1885 bis 1902 waren täglich rund 1000 Menschen mit dem Bau befasst. Er ist 268 m lang und bis zu 118 m breit. Architekt Imre Steindl schuf damit den Eklektizismus schlechthin. Nur im Rahmen von Führungen zu besichtigen. *Auf Deutsch Mo–Sa 11 und 15 Uhr, So 11 Uhr, auf Englisch tgl. 10, 12 und 14 Uhr, für EU-Bürger bei Vorlage des Personalausweises kostenlos, Tel. 1/441 49 04, www.parlament.hu, Kossuth Lajos tér*

Stadtwäldchen (Városliget) **[U F2–3]**
Im großen Stadtpark gibt es u. a. den *Zoologischen Garten (Mai–Aug. tgl. 9–19 Uhr, sonst bis 17 Uhr)*, den Vergnügungspark *Vidámpark (April bis Sept. tgl. 10–20 Uhr)*, das *Széchenyi-Thermalbad* und die *Eislaufbahn (Olof Palme sétány, Nov.–März Mo–Fr 9–13 und 16–20 Uhr, Sa, So 10–14 und 16–20 Uhr)*.

Stephansbasilika (Szent István Bazilika) **[U C4]**
Die größte Kirche der Stadt mit 8500 Plätzen und der 96 m hohen

MARCO POLO Highlights »Donauknie«

★ **Fischerbastei**
Schönster Aussichtspunkt in Budapest (Seite 54)

★ **Schloss Gödöllő**
Lieblingsschloss der Kaiserin Sissi (Seite 57)

★ **Basilika Mariä Himmelfahrt**
Das Gotteshaus in Esztergom mit Bakócz-Kapelle und Schatzkammer ist ein Muss (Seite 58)

★ **Fő tér von Szentendre**
Hauptplatz mit Blick auf die Architektur- und Kunstschätze der Stadt (Seite 59)

★ **Dom von Vác**
Barocker Prachtbau mit wertvollen Fresken (Seite 61)

★ **König-Matthias-Palast**
Der prunkvollste Königshof des 15. Jhs. ist in Visegrád zu sehen (Seite 62)

Kuppel ist ein von 1851 bis 1905 entstandener Neorenaissancebau. *Bajcsy-Zsilinszky út*

Váci utca **[U C5–6]**

Diese Shoppingmeile ist Fußgängerzone. Ursprünglicher als der obere Abschnitt ist der Teil zwischen *Szabad sajtó út* und *Fővám tér.*

MUSEEN

Kunstgewerbemuseum (Iparművészeti Múzeum) **[U D6]**

Das Gebäude ist ein Meisterwerk des Jugendstils. In der Ausstellung werden Möbel, Textilien, Keramiken, Glaskunst und anderes Kunsthandwerk gezeigt. *Di–So 10 bis 17.30 Uhr, Üllői út 33–37*

Kunsthalle (Műcsarnok) und Museum der Bildenden Künste (Szépművészeti Múzeum) **[U E2]**

Die klassizistischen Bauwerke am Heldenplatz wurden 1895 bzw. 1906 fertig gestellt. Die Kunsthalle zeigt wechselnde Ausstellungen zur Gegenwartskunst. Das Museum der Bildenden Künste beherbergt ständige Sammlungen (Antikensammlung, alte und moderne Skulpturen, Galerie des 20. Jhs., Grafiksammlung), die bedeutendste ist die Galerie der Alten Meister. *Museum Di–So 10–17.30 Uhr, Kunsthalle bis 18 Uhr, Hősök tere*

Museum Ludwig **[O]**

Kern dieses Museums im neuen Palast der Künste ist die Sammlung zeitgenössischer Kunst (u. a. Andy Warhol, Roy Lichtenstein) des Aacheners Peter Ludwig. *Di–So 10 bis 18 Uhr, Komor Marcelli sétány 1, www.ludwigmuseum.hu*

Ungarisches Nationalmuseum (Magyar Nemzeti Múzeum) **[U D5]**

Diese Perle des Klassizismus mit der großen Freitreppe zeigt als Hauptausstellung die Geschichte Ungarns. *Di–So 10–18 Uhr, Múzeum körút 14–16*

ESSEN & TRINKEN

Kaffeehäuser und Cafés

Neben den traditionellen Kaffeehäusern wie *Gerbeaud (Vörösmarty tér 7)* und *Centrál (Károlyi Mihály utca 9)* **[U C5]** tragen die modernen Cafés viel zum Ambiente der Hauptstadt bei. Die besten Cafészenen sind der *Liszt Ferenc tér* **[U D4]** und die Fußgängerzone *Radáy utca (Soul, Nr. 11–13)* **[U D6]**.

Bagolyvár **[U E2]**

Hier essen Sie gute ungarische Hausmannskost. Das Restaurant im Stadtwäldchen gehört zur Gundel-Familie. *Állatkerti út 2, Tel. 1/ 468 31 10,* **€€**

Belcanto **[U C4]**

In diesem Restaurant neben der Oper sind die singenden Kellner die Stars (19–21, 22 und 24 Uhr). Gute Küche in einer außergewöhnlichen Atmosphäre. *Dalszínház utca 8, Tel. 1/269 27 86, www.belcanto.hu,* **€€€**

Rivalda **[U B4]**

Auf dem Burgberg. Restaurant mit feiner Küche und gepflegter, aber nicht steifer Atmosphäre sowie schönen Stoffdrapierungen als Dekoration. Im Sommer wird nebenan, im Hof eines Klosters, ein Café betrieben. *Színház utca 5–9, Tel. 1/ 489 02 35,* **€€**

Im Dorf Hollókő wird die Tradition der Palózen gepflegt

EINKAUFEN

Insider Tipp

Bacchus [U C5]
Weinliebhaber finden in diesem *Store of fine Wines* ein erstklassiges Angebot, u. a. herausragende *Tokaji aszú.* Es werden auch individuelle Etiketten gefertigt. *Váci utca 23*

ÜBERNACHTEN

Centrum Ibis [U D6]
Zentrale Lage mit Komfort zu moderatem Preis. *126 Zi., Ráday utca 6, Tel. 1/456 41 00, Fax 456 41 16, www.ibis-centrum.hu,* €€

Domina Hotel Fiesta [U C4]
Modernes Design hinter historischer Fassade, auch Familienapartments, mit Restaurant (abends Zigeunermusik). In der jüngst sanierten Király utca (mit vielen Designgeschäften). *112 Zi., Király utca 20, Tel. 1/328 30 00, Fax 266 60 24, www.dominafiesta.com,* €€€

AUSKUNFT

Tourinform [U C5]
Deák tér/Sütő utca 2 (24 Std. geöffnet), Tel. 1/438 80 80, Fax 318 90 59, www.budapestinfo.hu

ZIELE IN DER UMGEBUNG

Schloss Gödöllő [118 C5]
★ Das Barockschloss von Gödöllő (30 km östlich) war das Lieblingsschloss der Kaiserin Sissi. Es wurde 1775 gebaut und 1867 Franz Joseph I. und Sissi, König und Königin von Ungarn, überlassen. *Király Kastély, April–Okt. Di–So 10–18, Nov., Dez., Feb., März 10–17 Uhr*

Hollókő [118 C3]
Das zauberhafte Palózen-Dorf (450 Ew.) 90 km nordöstlich von Budapest zählt zum Welterbe der Unesco. Sie müssen bei einem Besuch jedoch damit rechnen, dass das Dorf recht verlassen wirken kann.

ESZTERGOM

[118 A4] Reisenden aus Richtung Visegrád bieten Donauschleife und Burgberg mit der mächtigen Basilika einen großartigen Anblick. Die schönste Annäherung an Esztergom (30 000 Ew.), auf Deutsch Gran genannt: Parken Sie am *Szent István tér.* Nehmen Sie von dort aus aber nicht die Treppe zur Basilika, sondern gehen Sie einige Schritte zurück, und folgen Sie der Straße nach oben. Esztergom, die frühere Königspfalz und erzbischöfliche Residenz, ist im Bewusstsein der Menschen die Wiege der ungarischen Nation. Nach der Landnahme der Magyaren ließ Großfürst Géza (972–97) hier die erste Burg bauen. 250 Jahre lang war Esztergom Königsresidenz. Nach dem Mongolensturm 1241/42 verlagerte König Béla IV. das Machtzentrum nach Buda.

SEHENSWERTES

Basilika Mariä Himmelfahrt

★ Das monumentale klassizistische Gotteshaus, rund 118 m lang und 48 m breit, wurde über einen Zeitraum von fast 50 Jahren (1822 bis 1869) errichtet. Es ist die größte Kirche in Ungarn. Die 100 m hoch aufragende Mittelkuppel hat einen Durchmesser von 35 m – von hier aus bietet sich ein herrlicher Rundblick. Zur Einweihung des Doms 1856 komponierte Franz Liszt die »Graner Festmesse«. Die *Bakócz-Kapelle* im Innern der Basilika ist ein Juwel der Renaissance, das 1506–11 von italienischen Meistern geschaffen wurde. *Tgl. 8 bis 16 Uhr, Szent István tér*

Burganlage/Burgmuseum

Der Museumskomplex umfasst Räume aus verschiedenen Jahrhunderten und birgt zahlreiche archäologische Funde. *Di–Fr 11–16, Sa, So 10–18 Uhr, Szent István tér*

Rundkirche (Kerek templom St. Anna)

Entworfen wurde das beeindruckende, 1828–37 entstandene Bauwerk mit Säulenportal vom Dombaumeister Johann Pákh. *Rudnay tér, an der Straße nach Dorog*

Széchenyi tér

Rund um den alten Marktplatz liegt die Bürgerstadt aus dem 18. und 19. Jh. Das *Haus Nr. 25* war 200 Jahre lang eine Apotheke. Eine architektonische Perle ist das *Rathaus* von 1773.

Wasserstadt (Víziváros)

Kommt man von der Burg, erreicht man die Wasserstadt durch die alten Tortürme. Sie war einst das Zentrum der Geistlichkeit.

MUSEEN

Christliches Museum (Keresztény múzeum)

Eine hervorragende Kunstsammlung im ehemaligen Palais des Primas von Ungarn (u. a. mittelalterliche Tafelbildmalerei, Bildhauerei, Werke italienischer Meister und Gobelins). *Di–So 10–18 Uhr, Berényi Zsigmond utca 2*

Schatzkammer der Basilika

Zu sehen sind einzigartige Kunstschätze, z. B. Gewänder und liturgische Gegenstände seit der Karolingerzeit. *Di–So 8–16 Uhr, Szent István tér*

ESSEN & TRINKEN

Prímás Pince
Das historische Kellergewölbe ist beeindruckend. Traditionelle ungarische Küche. *Szent István tér 4, Tel. 33/31 34 95, €€*

ÜBERNACHTEN

Esztergom
In schöner Lage nahe dem Stadtzentrum auf der Prímás-Insel. *36 Zi., Prímás sziget, Tel. 33/ 41 25 55, Fax 41 28 53, €€*

FREIZEIT & SPORT

Insider Tipp
Der neue *Aquapark (Aquasziget, (Primás sziget/Táncsics Mihály utca)* hat für Groß und Klein tolle Spaß- und Wellnesslandschaften. Wenn Sie über die Donaubrücke fahren, kommen Sie im slowakischen *Stúrovo* zu einem großen Thermalbadkomplex mit dem neuen *Hotel Thermal (47 Zi., Tel. 0042136/756 01 11, Fax 75 60 10, www.vadas.sk, €€).*

SZENTENDRE

[118 B4] Besucher von Szentendre stellen das Auto am besten gleich am Donauufer-Parkplatz ab und spazieren zum zentralen Fő tér des Städtchens (20 000 Ew.). Der Stadtkern ist Fußgängerzone. Gegründet wurde Szentendre (auf Deutsch St. Andreas) im 11. Jh. als Sanctus Andreas. Als Handelszentrum erlebte die Stadt Ende des 17. Jhs. durch serbische Kaufleute und Handwerker, die nach Szentendre geflüchtet waren, goldene Jahre. Damals gab es sieben orthodoxe Kirchen. Eine neue Blüte erlebte der Ort durch die Ende der 1920er-Jahre gegründete Künstlerkolonie. Von ihrem Schaffen zeugen die zahlreichen Künstlermuseen.

SEHENSWERTES

★ Der *Fő tér von Szentendre,* der Hauptplatz, liegt unweit der Donaupromenade (Dunakorzó) und ist das Herz der Stadt. Hier liegen auch die meisten der im Folgenden beschriebenen Sehenswürdigkeiten.

Katholische Pfarrkirche
Die Kirche ist das einzige verbliebene Zeugnis des alten Wehrdorfs St. Andreas und wurde im 18. Jh. von katholischen Kroaten im barocken Stil umgebaut. Vom Kirchplatz aus hat man eine herrliche Aussicht über die Stadt. *Auf dem Burghügel (Templomdomb)*

Maria-Verkündigung-Kirche (Blagovestenska-Kirche)
Das spätbarocke orthodoxe Gotteshaus, gebaut 1752–54, hat eine blendend schöne Bilderwand (Ikonostase). Über dem Seitenportal ist Kaiser Konstantin mit der hl. Helena, seiner Mutter, zu sehen. Gegenüber der Kirche führt die Burgtreppe zum Burghügel. *Fő tér*

Pestkreuz
Das wertvolle schmiedeeiserne Pestkreuz stiftete die »Privilegierte Serbische Handelsgesellschaft« im Jahr 1752. *Fő tér*

Preobraschenska-Kirche
Im nördlichen Szentendre bauten serbische Bürger um 1746 diese spätbarocke Kirche mit üppigem Dekor. *Bogdányi út*

MUSEEN

Die meisten Museen sind Ende Okt.–Ende März geschlossen. Während der Saison sind sie meist Di–So 10–18 Uhr geöffnet.

Béla-Czóbel-Museum
Zu sehen sind Arbeiten des postimpressionischen Malers Béla Czóbel. *Templom tér 1*

Károly-Ferenczy-Museum
Károly Ferenczy (1862–1917) zählte zu den Kunstrebellen seiner Zeit und zur ersten Garde der modernen ungarischen Malerei. *Fő tér 6*

Freilichtmuseum (Skanzen)
An der Straße nach Visegrád, 3 km nordwestlich von Szentendre. Auf dem 46 ha großen Gelände sind originale und rekonstruierte Gebäude aus allen Landesteilen aufgebaut. Eine Kostbarkeit ist die *griechisch-katholische Kirche aus Mándok* von 1670. Besucher lernen auch die charakteristische Lebensweise, die Trachten und Bräuche kennen. Neu ist eine über 2300 Stücke umfassende Ausstellung zur Wohn- und Alltagskultur in Ungarn ab Mitte des 18. Jhs. *30. März–11. Nov. Di–So 9–17 Uhr, www.skanzen.hu, Sztaravodai út*

Margit-Kovács-Museum
Früher Salzhaus mit Poststation, heute die Heimat des künstlerischen Werks der international renommierten Keramikerin und Bildhauerin aus Győr. Margit Kovács (1902–77) wirkte lange im Ausland und kam 1960 nach Szentendre. In diesem Museum ist ihr Nachlass ausgestellt. *Vastagh György utca 1*

ESSEN & TRINKEN

Promenade Insider Tipp
In direkter Donaulage nahe der Promenade, schön restauriertes Haus

Die ehemalige Künstlerkolonie Szentendre besitzt immer noch viel Flair

aus dem 17./18. Jh. mit Terrasse. Die Speisekarte ist wohltuend überschaubar, Küche und Service liegen deutlich über dem normalen Niveau. *Futó utca 4, Parkplätze am Donaukorso, Tel. 26/31 26 26, €€*

EINKAUFEN

Folk-Art-Geschäfte liegen vor allem in den vom Fő tér abgehenden Gassen. Es lohnt sich, alle Gassen zu erkunden, denn es gibt eine Fülle von Boutiquen und kleinen Antiquitätengeschäften.

ÜBERNACHTEN

Thermal Hotel Visegrád

Neben dem Thermalbad in Berglage oberhalb der Donau. Mit umfangreichem Kur-, Wellness- und Sportangebot sowie großer Restauranterrasse. *174 Zi., Visegrád-Lepencevölgy, Tel. 26/80 19 00, Fax 80 19 18, www.hotels.hu/thvisegrad, €€€*

AUSKUNFT

Tourinform

Dumtsa Jenő utca 22, Tel./Fax 26/31 79 65, szentendre@tourinform.hu

VÁC

[118 B4] Am linken Donauufer, 38 km von Budapest entfernt, liegt Vác (36 000 Ew.). Die Barockstadt, geprägt von den Bischöfen und Baumeistern der österreichischen Kaiserin Maria Theresia, hat sich den Charakter eines Donaustädtchen aus dem 18./19. Jh. fast unversehrt bewahrt. Der Mittelpunkt von Vác ist der dreieckige Platz des 15. März *(Március 15. tér)*.

SEHENSWERTES

Dom von Vác

★ Der spätbarocke erzbischöfliche Dom (erbaut 1763–77) ist das beherrschende Bauwerk am Platz des 15. März. Die Fresken in der imposanten Kuppel und das Gemälde des Hauptaltars schuf der österreichische Maler Franz Anton Maulbertsch. Dem Dom gegenüber liegt das *Bischöfliche Palais* mit einem Park, der sich bis zur Donau zieht.

Memento Mori

Insider Tipp

Die Krypta der einstigen Kirche des Dominikanerordens, der so genannten Weißen Kirche, wurde 1731 bis 1808 als Grabstätte genutzt und dann zugemauert. Bei Restaurierungsarbeiten stieß man 1994 auf die Grabstätte und stellte fest, dass die Leichname mumifiziert waren. Die Funde sind in der Nähe der Kirche zu besichtigen. *März–Okt. Di bis So 10–18 Uhr, Március 15. tér 19*

Triumphbogen

Den 15 m hohen und 12 m breiten Triumphbogen ließ der Vácer Bischof Migazzi anlässlich des Besuchs der österreichischen Kaiserin Maria Theresia im Jahr 1764 errichten. *Köztársaság út*

ESSEN & TRINKEN

Momo

Abwechslungsreiche ungarische Küche, mediterranes Ambiente und schöne, große Aussichtsterrasse (Cocktailbar) mit Blick auf die Donau. *Timár utca 9, Tel. 27/30 67 77, €€*

AUSKUNFT

Tourinform
Március 15. tér 16–18, Tel. 27/ 31 61 60, Fax 31 64 64, vac@tourinform.hu

VISEGRÁD

[118 B4] Der Ort (1600 Ew.) liegt malerisch auf halber Strecke zwischen Szentendre und Esztergom. Die teils steil aufragenden Hügel scheinen geradewegs aus dem Donauufer in den Himmel zu wachsen. Wer die schöne Lage Visegráds bei einer ersten »Umrundung« mit dem Auto erleben möchte, fährt an der Fährstation auf die Panoramastraße, die hügelaufwärts und dann nach links bzw. oberhalb des Salomon-Turms wieder zur Donau führt. Hauptattraktion von Visegrád ist der ehemalige Königspalast.

SEHENSWERTES

Burganlage
Der Komplex besteht aus drei Teilen: der auf der Bergkuppe gelegenen oberen Burg, der unteren Burg auf einem 150 m hohen Hügel und dem Salomon-Turm. Den ältesten Teil der Burganlage errichtet König Béla IV. als Schutz gegen mögliche Mongoleneinfälle. Der Renaissancekönig Matthias baute sich im 15. Jh. am Visegrád-Hügel einen phantastischen Luxuspalast, der 1934 wieder entdeckt wurde.

König-Matthias-Palast
★ Welch prachtvolles Ensemble sich der kunstsinnige König im 15. Jh. gönnte, ist auch nach den Ausgrabungs- und Restaurierungsarbeiten nur zu erahnen – aber die Anlage vermittelt faszinierende Einblicke in den großartigen höfischen Lebensstil. Matthias' Hof war der zu seiner Zeit prunkvollste in Europa, mit rund 350 Räumen und hängenden Gärten. Rote Marmorbrunnen, marmorne Deckenfunde und Fußböden aus kunstvoll bemalter Majolika vermitteln einen Eindruck von der erlesenen Ausstattung. Wegen seiner vier Terrassen wird der Palast auch Terrassenpalast genannt. *Mátyás Király múzeum, Di bis So 9–16.30 Uhr, Fő utca 29*

Obere Burg (Fellegvár)
Die Ruinen der oberen Burg zeigen noch den ungleichmäßigen Grundriss der Anlage. Dadurch sollte verhindert werden, dass Feinde den gesamten Komplex erstürmen konnten. 1702 wurde die von König Béla IV. im Jahr 1242 errichtete Burg durch Kriegshandlungen zerstört. *Tgl. 10–16 Uhr*

Salomon-Turm
Das romanische »Hochhaus« (33 m) stammt aus einer Zeit, als man Türme errichtete, um in den oberen Wohnräumen Schutz vor Feinden zu finden. Zwei der schönsten Ausstellungsstücke des Museums sind Brunnen aus dem Terrassenpalast. *Mai–Sept. Di–So 9 bis 16.30 Uhr, Salomon torony utca*

ESSEN & TRINKEN

Patak Fogadó
In schöner Lage unter Bäumen am Bach (auch 4 Zi.). Ungarische Küche, z. B. Wildgerichte und im Sommer köstliche kalte Obstsuppe. *Mátyás Király utca 92, Tel. 26/ 39 74 86, €*

Blick von der Burg Visegrád ins weite Land des Donauknies

Insider Tipp **Renaissance**
Die Spezialität: Während der Sommersaison servieren Königsdiener jeden Do 18 Uhr ein Rittermahl. Schauspiel plus Essen sind am Salomon-Turm zu buchen. Die Ritterspiele von Visegrád ziehen in jedem Jahr Tausende Besucher an. *Fő utca 11, Tel. 26/39 80 81, €€*

ÜBERNACHTEN

Visegrád
Hotel in traditionell-modernem Design, anspruchsvolle Ausstattung, an der Donau. *40 Zi., Rév utca 15, Tel. 26/39 81 60, Fax 39 75 97, www.visegradtours.hu, €€*

FREIZEIT & SPORT

Das *Lepence-Thermal- und Freibad* liegt am Berghang. *Lepence-völgy, 1. Mai–15. Sept., 2 km Richtung Esztergom*

AUSKUNFT

Visegrád Tours
Rév utca 15, Tel. 26/39 81 60, Fax 39 75 97, www.visegradtours.hu

ZIEL IN DER UMGEBUNG

Naturschutzgebiet Börzsöny-Gebirge [118 A–B3]
Wenn Sie in Visegrád mit der Fähre übersetzen, gelangen Sie nach etwa 18 km mitten in die Berglandschaft des Börzsöny-Gebirges, die Teil des Nationalparks Duna-Ipoly ist. In freier Natur auf einem Gipfel, mit wunderbarem Panorama, liegt das *Szent Orbán Erdei Hotel (31 Zi., Kóspallag-Nagyírtáspuszta, Tel. 27/37 80 47, Fax 37 80 45, www.szentorban.hu, €€)*.

Wieder in Betrieb ist die *Kleinbahn Börzsöny*, die zwischen Nagybörzsöny und Nagyírtáspuszta verkehrt.

Wo der Himmel die Erde berührt

Endlose Weite der Puszta und städtische Kleinode mit prächtigen Domen und Jugendstilarchitektur

Die Puszta! Für Ungarnbesucher ist sie die typische ungarische Landschaft und ein romantischer Mythos. Auf Ungarisch heißt dieses Land östlich der Donau *alföld*. Es beginnt südlich der Linie Budapest–Debrecen, wird im Westen von der Donau, im Osten von Rumänien und im Süden von Serbien und Montenegro begrenzt. Die Verödung des einst waldreichen Landstrichs ist das Resultat des Mongolenansturms im 13. Jh. und der 150-jährigen Türkenherrschaft. Die Menschen flüchteten in befestigte Marktflecken, und das Land verdörrte zur trostlosen Steppe, in der nur noch Wanderhirten ein ärmliches Dasein fristeten. Im 18. und 19. Jh. entwickelten sich einige der Marktflecken zu blühenden Städten, und es entstanden die typischen Puszta-Einzelhöfe *(tanya)*.

Heute wird der größte Teil des Landstrichs zur Tierhaltung (Gänse, Puten, Rinder, Pferde) und zum Anbau von Gemüse, Obst und Wein genutzt. Ursprüngliche Puszta-Natur überdauerte jedoch in den geschützten Oasen der der Nationalparks Hortobágy und Kiskunság.

Csikós mit ihren Pferden an einem Ziehbrunnen in der Puszta

Korbwarenhändler in Hortobágy

BUGAC-PUSZTA

[125 D2–3] Die 110 km^2 große Bugac-Puszta bei Kecskemét wurde von der Unesco zum Welt-Bioreservat erklärt. Sie ist der meistbesuchte Teil des 480 km^2 großen Nationalparks Kiskunság (Kleinkumanien). Sand und Sanddünen, Wacholder, Weideland und Erlenwald verleihen dieser Landschaft einen einzigartigen Reiz. In die Puszta kommen Besucher nur zu Fuß, zu Pferd (Rundwanderweg und Reiterwege) oder mit einer der am Eingang wartenden Pferdekutschen.

SEHENSWERTES

Hirtenmuseum & Reitershow
Das kleine Hirtenmuseum in einem Rundbau informiert über das Leben

Studenten in Debrecen, dem Zentrum der Großen Tiefebene

der Puszta-Bewohner *(April–Sept., in der Regel mittags, Juli/Aug. zumeist mehrere Shows)*. Gegenüber finden Vorführungen mit tollkühnen Puszta-Reitern statt (Buchung am Eingang zum Nationalpark).

Insider Tipp

Weitere Nationalparkareale

Zwischen Donau und Kecskemét liegen in nördlicher und südlicher Richtung sieben weitere Naturschutzgebiete des Nationalparks Kiskunság. Sie sind weniger frequentiert als die Bugac-Puszta, aber landschaftlich ausgesprochen interessant und unterschiedlich. Wer die Natur intensiv erleben möchte, kann Lehrpfaden folgen. Ein solcher Pfad erschließt beispielsweise die Sandhügel (Flugsanddünen) bei *Fülöpháza*. Im Nationalpark Kiskunság lebt auch noch eine der bedeutendsten Großtrappen-Populationen in Europa. Informationen zu allen Teilen des Nationalparks sind bei Tourinform in Kecskemét erhältlich.

ESSEN & TRINKEN

Bugaci Csárda

Hier waren Prominente wie Prinzessin Diana zu Gast. Ein typischer Pusztahof mit guter Hausmannskost, viel Stimmung und Musik. *Nagybugac 65, Bugac, an der Straße Nr. 54 ausgeschildert, Tel. 76/ 37 25 22,* **€€**

DEBRECEN

[120 C5] Ungarns zweitgrößte Stadt (214 000 Ew.) ist das wirtschaftliche und kulturelle Zentrum der Tiefebene. Die Hochschulen von Debrecen bilden rund 50 000 Studenten aus. In der Geschichtsschreibung spielt die Stadt eine wichtige Rolle, denn sie war zweimal die provisorische Hauptstadt: 1848/49 während des Freiheitskampfes und im Zweiten Weltkrieg als Tagungsort der provisorischen Nationalversammlung. Wes Geistes

Kind Debrecen ist, das bezeugt die monumentale Reformierte Kirche am Kálvin tér. Die Stadt bekannte sich bereits 1540 zur Lehre des Reformators Calvin, deren Dominanz Debrecen den Beinamen »Rom des Calvinismus« einbrachte.

SEHENSWERTES

Csokonai-Theater
Das glanzvoll renovierte romanische Theater von 1861 ist nach dem Dichter Mihály Csokonai (1773–1805) benannt, dessen Denkmal am Kálvin tér zu sehen ist. *Kossuth Lajos utca 10*

Große Reformierte Kirche (Református Nagytemplom)
★ Die Kirche mit 61 m hohen Türmen steht auch für eine große Stunde Ungarns: Hier entthronte der Reichstag am 14. April 1849 die Habsburger und setzte den Freiheitshelden Lajos Kossuth (1802 bis 1894) als Staatsoberhaupt ein. Kossuths Lehnstuhl wird noch immer wie eine Reliquie verehrt. 3000 Gläubige haben in der 1807–19 errichteten Kirche Platz. *Kálvin tér*

Kleine Reformierte Kirche (Református Kistemplom)
Sie ist leicht an ihrem Zinnenkranzturm zu erkennen und wird im Volksmund »Stummelkirche« genannt. *Révész tér*

Nagyerdő (Großer Wald)
Kur- und Erholungsgelände mit Sport- und Vergnügungsstätten sowie der Universität in einem schlossähnlichen Bau. *Nagyerdei park*

Piac utca
An dieser zentralen Achse liegen beeindruckende Bauwerke des 19. und 20. Jhs. wie das klassizistische *Rathaus (Nr. 20)* und das *Jugendstilhotel Aranybika (Nr. 11).*

Reformiertes Kollegium
Markantes klassizistisches Gebäude (1804–16). Die Bibliothek umfasst über eine halbe Million Bände. Im Museum sind kostbare Abendmahlgefäße zu sehen. *Kálvin tér 16*

MARCO POLO Highlights »Große Tiefebene«

★ **Große Reformierte Kirche**
Das größte calvinistische Gotteshaus Ungarns – in Debrecen (Seite 67)

★ **Hortobágy-Nationalpark**
Faszinierende Puszta-Natur und Hirtenleben (Seite 70)

★ **Dom von Kalocsa**
Dom und Domplatz bilden gemeinsam ein prächtiges barockes Ensemble (Seite 71)

★ **Jugendstil-Rathaus**
Die architektonische Perle der rundum schönen Puszta-Stadt Kecskemét (Seite 73)

★ **Domplatz und Votivkirche**
Beeindruckender Mittelpunkt der Stadt Szeged (Seite 75)

Prächtige Fassaden an der Piac utca in Debrecen

St.-Anna-Kirche
Mit dieser barocken, 1746 von dem italienischen Baumeister Giovanni Battista Carlone errichteten Kirche wollte Bischof Csáky ein katholisches Gegengewicht in der calvinistisch geprägten Stadt setzen. *Szent Anna út 15*

MUSEUM

Déri-Museum
Das Museum in einem Neoempire-Palais von 1926 geht auf die Sammlung griechischer, römischer, ägyptischer und asiatischer Kunst des Wiener Fabrikanten Frigyes Déri zurück. Ausgestellt sind auch Gemälde des bekannten ungarischen Malers Mihály Munkácsy. *Im Sommer Di–So 10–18 Uhr, im Winter 10–16 Uhr, Déri tér 1*

ESSEN & TRINKEN

Playhouse
Hier finden Sie gemütliche Pub-Atmosphäre in einem historischen Gebäude. *Batthyány utca 24–26, Tel. 52/41 12 52,* €€

Városháza
Gediegen-elegantes Rathausrestaurant mit klassischer Ungarn-Küche. *Piac utca 20, Tel. 52/44 47 67,* €

ÜBERNACHTEN

Grand Hotel Aranybika
Traditionsreiches Jugendstilhotel mit Restaurant und Café. *231 Zi., Piac utca 11–15, Tel. 52/50 86 00, Fax 50 86 02, www.civishotels.hu,* €€–€€€

Korona Pension
500 m vom Zentrum, komfortabel eingerichtet. *Péterfia utca 54, Tel. 52/53 52 60, Fax 53 52 61, www.hotels.hu/koronapanzio1,* €€

FREIZEIT & SPORT

Das Kur- und Wellnessangebot der Stadt wurde modernisiert und erweitert. Im *Großen Wald (Nagy-*

erdő) liegen das *Thermalbad (tgl. 7–21 Uhr)* mit guten Kureinrichtungen sowie das *Thermal- und Wellnesshotel (96 Zi., Nagyerdei park 1, Tel. 52/51 41 00, Fax 34 68 83, www.aquaticum.hu, €€€)*. Ein neues, gelungenes Erlebnisbad ist das sider pp *Aquaticum (tgl. 10–22 Uhr, Nagyerdei park 1, www.aquaticum.hu)* mit elf Rutschen, vielen anderen Attraktionen und Restaurant.

AUSKUNFT

Tourinform
Piac utca 20, Tel. 52/41 22 50, Fax 53 53 23, debrecen@tourinform.hu

Hajdúszoboszló

[120 B5] Die Silben »Hajdú« zu Beginn eines Ortsnamens weisen auf den Landstrich Hajdúság hin, in dem die kriegerischen Hajduken lebten. Wirtschaftliche Not machte sie über Jahrhunderte zu Freischärlern, die sich unterschiedlichen Herren verpflichteten. Sie führten noch bis ins 19. Jh. ihr militärisch geprägtes Leben. Hajdúszoboszló (23 000 Ew.) hat sich durch die Thermalquelle und den Aquapark zu einem aufstrebenden Kurort entwickelt. Neben den Großhotels mit mittlerem Standard setzt man jetzt vor allem auf Vier-Sterne-Niveau.

MUSEUM

Bocskai-István-Museum
Verschiedene Sammlungen, unter anderem zur Ortsgeschichte, dazu Gemälde, Grafiken und Volkskunst (in drei Häusern). *Di–Sa 9–16 Uhr, Bocskai utca 12*

ESSEN & TRINKEN

Karikás
Restaurant mit ungarischer Küche und hübscher Terrasse. Auch eine Pension (29 Zi.). *Hőforrás utca 27–29, Tel./Fax 52/35 92 40, €€*

Kemencés Csárda
In der »Ofen-Csárda« gibt es beispielsweise Fladenbrot, Ente oder gefülltes Kraut. *Daru-Zug 1, Tel. 52/36 22 21, €€*

ÜBERNACHTEN

Katharina-Hof
Die Reetdach-Pension bietet ein gemütlich-gediegenes Ambiente. *19 Zi., József Attila utca 23, Tel. 52/36 32 01, Fax 27 07 41, www.hotels.hu/katharina_hof, €*

Kurhotels
Zu den Häusern im gehobenen Segment gehören das *Aqua-Sol (142 Zi., Gábor Áron utca 7–9, Tel. 52/36 12 02, Fax 27 33 15, www.hunguesthotels.hu, €€€)* mit Badelandschaft und Kurzentrum, das *Barátság (139 Zi., Mátyás király sétány 19, Tel. 52/36 17 44, Fax 36 18 49, www.baratsag.hu, €€)* mit Thermalhalle und Außenpools sowie das kleinere, schneeweiße *Muskátli Hotel (70 Zi., Daru-Zug 5, Tel. 52/36 37 44, Fax 36 10 27, www.hotels.hu/muskatli_hajduszoboszlo, €€–€€€)*.

Négy Évszak
Nur Nichtraucherzimmer, Betten und Bettwäsche sind Bioprodukte. Mit Restaurant und Caféteria. *17 Zi., Jókai sor 12, Tel. 52/27 31 40, Fax 27 31 41, www.hotelnegyevszak.net, €*

FREIZEIT & SPORT

Thermalbad und Aquapark

1925 stieß man in 1100 m Tiefe auf 73 Grad heißes Thermalwasser. Heute ist die Wasserlandschaft von Hajdúszoboszló das größte Thermal- und Erlebnisbad Ungarns. Die Gesamtwasserfläche beträgt fast 10 000 m². Das Kur- und Thermalbad gilt als Mekka der Rheumakranken. Ein großer Spaß ist der Aquapark mit seinen vielen Erlebnismöglichkeiten. *Thermalbad tgl. 9–18 Uhr, Freibad Mai–Sept. 8 bis 19 Uhr (Strandbad) bzw. 10 bis 18 Uhr (Aquapark), Szent István park utca 1–3*

AUSKUNFT

Tourinform

Szent István park 1–3, Tel./Fax 52/ 55 89 28, hajduszoboszlo@tourinform.hu

HORTOBÁGY

[120 B5] Hortobágy (2000 Ew.) verdankt seine Besucherströme einer berühmten Brücke, einer nicht weniger bekannten Csárda und dem Nationalpark.

SEHENSWERTES

Neunbogenbrücke und Hirtenmuseum

Die Neunbogenbrücke von 1827 ist mit ihren 167 m die längste Steinbrücke Ungarns. Sie verbindet die beiden Ufer des Hortobágy-Kanals. Die einstige Remise der Hortobágyi Csárda beherbergt das *Hirtenmuseum (im Sommer tgl. 10–18 Uhr, Petőfi Sándor tér 1)*.

ESSEN & TRINKEN

Hortobágyi Csárda

Mit seinem Gedicht »Die Hortobágyer Wirtin« setzte Ungarns Nationaldichter Sándor Petőfi (1823 bis 1849) dem Gasthaus, das 1781 neben der ersten Einkehrstation errichtet wurde, ein unvergängliches Denkmal. *Petőfi tér 1, Tel. 52/ 58 93 39, €€*

AUSKUNFT

Tourinform

Petőfi Sándor tér 1, Tel./Fax 52/ 58 93 21, hortobagy@tourinform.hu

ZIEL IN DER UMGEBUNG

Hortobágy-Nationalpark **[120 A–B5]**

★ In diesem Nationalpark, dem ersten in Ungarn, stehen 520 km² Naturlandschaft unter Schutz. Zur Aufgabe gemacht hat man sich dreierlei: die unterschiedlichen Landschaften der Puszta zu bewahren, alten ungarischen Tierrassen wieder einen Lebensraum zu bieten und vom traditionellen Landleben der Region zu erzählen.

In der Puszta zu Hause waren früher vor allem das ungarische Graurind mit den geschwungenen Hörnern und die Zackelschafe. Im Nationalpark nahe dem Dorf Hortobágy gibt es verschiedene Erlebnisareale, so auch die »Nationale Tierschau« mit vielen alten Haustierrassen. Auf dem Geflügelhof tummeln sich Kupfertruthähne und Perlhühner. Im Nordteil weidet die größte Graurinderherde des Parks.

Besonders geschützte Landschaften wie die nahe Hortobágy gelegenen Sümpfe und Fischteiche können auf Lehrpfaden besichtigt werden. Infos, Karten und Tickets gibt es bei Tourinform in Hortobágy. *www.hnp.hu*

KALOCSA

[124 B3] Welche Pracht in einer beschaulichen Kleinstadt! Der schöne barocke Stadtkern (20 000 Ew.) zeugt von einer großen Vergangenheit. Das Erzbistum, bereits 1008 von König Stephan gegründet, war nach Esztergom der zweitwichtigste Bischofssitz. Berühmt ist Kalocsa nicht zuletzt für seine farbenfrohe Volkskunst. So ist auch der Bahnhof von 1882 wunderbar bemalt.

SEHENSWERTES

Dom von Kalocsa

★ Der mittelalterliche Dom wurde während der Religionskriege zerstört. Die neue barocke Erzbistumskirche entstand in den Jahren 1735–54. Das Innere schmücken feine Stukkaturen und Barockaltäre. *Szentháromság tér*

Erzbischöfliches Palais

Diese herrschaftliche Residenz von 1760 schuf Gáspár Oswald. Franz Anton Maulbertsch malte einige der Fresken. Die Bibliothek kann auf Voranmeldung oder im Rahmen von Gruppenführungen besichtigt werden. *Szentháromság tér*

MUSEEN

Paprikamuseum

Kleine Darstellung der Geschichte des Paprikaanbaus. *15. April bis 15. Okt. tgl. 9–17 Uhr, Szent István király út 6*

Viski-Károly-Museum

Ein lokalgeschichtliches Museum mit verschiedenen Sammlungen (Volkskunst, Mineralien, Münzen, Edelsteine). *April–Okt. Di–So 9 bis 17 Uhr, István király utca 25*

Ein bisschen wie in alten Zeiten: Csikós in der Puszta

ESSEN & TRINKEN

Hotel Kalocsa
In kulinarischer Hinsicht hat Kalocsa für Individualreisende nur eine Adresse, allerdings eine gute: das über 200 Jahre alte, restaurierte Stadtpalais Hotel Kalocsa mit nettem Innenhof. Das Haus am Domplatz ist auch das beste Hotel der Stadt (32 Zi.). *Szentháromság tér 4, Tel. 78/56 12 00, Fax 56 12 12, www.hotelkalocsa.hu, €€*

EINKAUFEN

Haus der Volkskunst
In einem restaurierten Bauernhaus werden die berühmten Stickereien und andere ortstypische Volkskunst gezeigt. *Tompa Mihály utca 5–7, April–Okt. Mi–Mo 10–16.30 Uhr*

AUSKUNFT

Kalocsa Korona Tours
Szent István király út 6, Tel./Fax 78/46 18 19

Lebensfreude in Farben ausgedrückt: traditionelle Wandmalerei in Kalocsa

KECSKEMÉT

[125 D2] Dem heiteren Charme von Kecskemét (109 000 Ew.) kann sich niemand entziehen. Im autofreien Zentrum des Städtchens bieten sich aus jedem Blickwinkel zauberhafte Ausblicke auf Kirchtürme, orientalisch anmutende Kuppeln, schöne Fassaden und dekorative Giebel. Und über allem erklingt mehrmals täglich das Glockenspiel vom Rathaus. Zu welchem Wohlstand es die Viehhändler und Obstbauern – der Kecskeméter Obstbrand ist noch immer berühmt – im 19. Jh. brachten, belegt die rundum großartige Baukunst. Die besten Architekten des Landes haben hier ihre Spuren hinterlassen, darunter die Großen des Jugendstils.

SEHENSWERTES

Cifra-Palast (Cifra Palota)
Eine organische Architektur ohne Ecken und Kanten, mit bunten Dachziegeln und prachtvoller Majolika: Der 1902 entstandene »Bunte Palast« ist ein Meisterwerk der Sezession. Innen, in der *Kecskeméter Galerie (Di–Sa 10–17, So 13.30 bis 17 Uhr)* mit ihrem renovierten Prunksaal, ist als ständige Ausstellung ungarische Malerei des 19./20. Jhs. zu sehen. *Rákóczi út 1*

Evangelische Kirche
Die 1863/64 nach den Plänen von Miklós Ybl errichtete neoromanische Kirche besticht durch ihre klare Schönheit. *Arany János út*

Große Kirche (Nagytemplom)
Die Große Kirche ist die größte spätbarocke Kirche der Tiefebene.

Jugendstil

Eine Blütezeit des Handwerks in Ungarn

Der Jugendstil, das künstlerische Phänomen der Wende vom 19. zum 20. Jh., ist in Ungarn vor allem mit dem Namen eines Architekten verbunden: Ödön Lechner. Er war von der Idee beseelt, eine typisch ungarische Variante zu schaffen, und baute herausragende Großprojekte wie das Museum für Kunstgewerbe in Budapest und das Rathaus von Kecskemét. »Wo sind die Wurzeln der Nation?«, war die zentrale Frage zum Ende des 19. Jhs. – zur Tausendjahrfeier der Landnahme von 896. Lechner suchte sie im Osten und kombinierte ungarische Volkskunstmotive mit persischen und indischen Elementen und der Ornamentik des europäischen Jugendstils. Ein spezieller Bestandteil des ungarischen Jugendstils sind die Keramiken mit der metallisch glänzenden Glasur, die Außenwände und Dächer zieren – eine Meisterleistung der Zsolnay-Manufaktur in Pécs.

Das elegant aufstrebende katholische Gotteshaus (errichtet von 1774 bis 1806) steht in der Nähe des Rathauses. Der 74 m hohe Turm hält herrliche Ausblicke bereit. *Kossuth tér*

Jugendstil-Rathaus
★ Eine Perle des ungarischen Jugendstils ist das Kecskeméter Rathaus (Városháza) mit seinen glasierten Dachziegeln und der majolikaverzierten Fassade sowie dem aufstrebenden Giebel (mit dem Ziegenbock-Stadtwappen) und den Türmchen. Das Meisterwerk mit seinen 174 Räumen wurde in den Jahren 1893–97 von den Architekten Ödön Lechner und Gyula Pártos gebaut. *Kossuth tér 1*

St.-Nikolaus-Kirche
Die im 14. Jh. noch gotische Franziskanerkirche wurde im 17. Jh. im barocken Stil umgebaut. *Kossuth tér 5*

Synagoge
Orientalisches Flair verbreitet die Synagoge, heute das Haus der Wissenschaft und Technik. Sie wurde 1856–71 im maurisch-romanischen Stil errichtet. *Rákóczi út 2*

Theater Jószsef Katona
Das prächtige neobarocke Theater entstand nach den Plänen der Wiener Architekten Hermann Hellmer und Jakob Fellner. Davor steht eine figurenreiche Dreifaltigkeitssäule von 1742 zur Erinnerung an die Pest. *Katona tér*

MUSEUM

Museum der Naiven Künstler
Die ständige Ausstellung wie auch die Wechselausstellungen in dem 200 Jahre alten Haus geben einen Überblick über die naive Kunst und die Volkskünstler des Landes. *15. März–Ende Okt. Di–So 10 bis 17 Uhr, Gáspár András utca 1*

Architektonische Schmuckstücke rund um den Kossuth-Platz in Kecskemét

ESSEN & TRINKEN

Kecskeméti Csárda & Borház
In geschmackvollem ungarischem Landhausdesign. *Kölcsey utca 7, Tel. 76/48 86 86, €€*

Túróczy
Die markisenüberdachte Terrasse des Kaffeehauses und Restaurants ist ein wunderbarer Platz mitten in der Stadt. *Szabadság tér 1, Tel. 76/50 91 75, €€*

EINKAUFEN

Am *Szababadság tér* bieten Kunsthandwerker auf einem Open-Air-Markt Flechtwerk, Stickereien und Keramik an. Hübsche Souvenirs finden Sie außerdem in der *Forrás Galerie (Két templom köz 7)* und bei *Rózsa (Görög udvar 2).*

ÜBERNACHTEN

Fábián Panzió
Pension mit lichter Atmosphäre, einem schönen Garten und freundlichem Service. *10 Zi., Kápolna utca 14, Tel. 76/47 76 77, Fax 47 71 75, €*

Három Gúnár
Restauriertes Traditionshotel im Zentrum mit Restaurant und Terrasse. *49 Zi., Batthyány utca 1–7, Tel. 76/50 57 85, Fax 48 12 53, www.hotelharomgunar.hu, €*

AUSKUNFT

Tourinform
Kossuth tér 1, Tel./Fax 76/48 10 65, kecskemet@tourinform.hu

ZIELE IN DER UMGEBUNG

Fülöpháza und Kerekegyháza [125 D2]
Etwa 20 km westlich von Kecskemét finden Sie Teile des Nationalparks Kiskunság und typische Einzelhöfe. Sie vermitteln noch einiges an Puszta-Gefühl. Bei den Sanddünen von *Fülöpháza* liegt die *Somodi Tanya* (Insider Tip) *(10 Zi. und Camping, Tel. 76/37 70 95, Fax 37 70 94, www.*

somoditanya.hu, €), ein Reiterhof mit viel Atmosphäre und sehr gutem Restaurant. 10 000 m^2 groß ist das Areal der Familien- und Reiterpension (mit Pool) *Táltos-Tanya (10 Zi., Búhegy 40a, Kerekegyháza, Tel. 76/71 03 19, Fax 71 03 68, info@taltos-tanya.de, €)*.

SZEGED

[126 A5] Steht man auf dem Domplatz vor der großartigen Votivkirche, fällt es schwer, zu realisieren, dass die Universitätsstadt (165 000 Ew.) ihr heutiges Gesicht einer Katastrophe verdankt: der großen Flut von 1789. In den Wassermassen der Flüsse Maros und Theiß (Tisza) versanken damals Tausende von Häusern. Innerhalb von nur zehn Jahren entstand auf dem Reißbrett das neue Szeged mit großzügigen Straßen, Monumenten, Plätzen und Grünanlagen. Die Frei- und Thermalbäder von Szeged befinden sich am der Innenstadt gegenüberliegenden Theißufer.

SEHENSWERTES

Domplatz und Votivkirche

★ Die neoromanische Votivkirche (Fogadalmi templom, Bauzeit 1913 bis 1930) am Domplatz ist das Wahrzeichen der Stadt. Ihre Ausmaße: 81 m lang, 51 m breit, zwei 91 m hohe Türme und dazwischen die 54 m hohe Kuppel im byzantinischen Stil. Die Orgel ist mit fünf Manualen und 10 000 Pfeifen eine der größten in Europa. Gegenüber der Kirche liegt die *Nationale Gedenkhalle* mit den Statuen der 100 bedeutendsten Persönlichkeiten des Landes. Diese Arkadengänge mit den Denkmälern machen den Domplatz zu dem, was er sein soll: eine nationale Ruhmeshalle. *Dom tér*

Neue Synagoge

Das Gotteshaus (1900–03) ist ein maurisch geprägtes Jugendstiljuwel. Den prachtvollen Innenraum schließt eine Glaskuppel ab, die das Himmelsgewölbe symbolisiert. *So–Fr 9–12 und 14–17 Uhr, Gutenberg utca*

Rathaus (Városháza)

Das Rathaus liegt am 50 000 m^2 großen, zentralen Széchenyi-Platz. Der neobarocke Bau von 1883 mit dem markanten Mittelturm steht der Prachtarchitektur von Schlössern nicht nach. Die Architekten waren Ödon Lechner und Gyula Pártos. *Széchenyi tér*

MUSEUM

Ferenc-Móra-Museum

Das Museum zeigt archäologische Funde, naturwissenschaftliche Exponate, Volkskunst und eine Sammlung zu Ehren des Schriftstellers und Museumsdirektors Ferenc Móra (1879–1934). *Di 10–15, Mi–So 10–17 Uhr, Roosevelt tér 1–3*

ESSEN & TRINKEN

Virág

Klassisches Konditorei-Café am schönen Klauzál-Platz. *Klauzál tér 1, Tel. 62/54 13 60*

Zodiákus Insider Tipp

Die Gäste sitzen unter Gewölbedecken in erdfarbenem italienischem Ambiente und können eine gute ungarische Küche genießen.

Paprika & Co.: Gemüsestände auf dem Markt in Szeged

Oskola utca 13, Tel. 62/42 09 14, www.zodiakus.hu, €€€

ÜBERNACHTEN

Alfa

Ein neues, angenehm kleines Hotel, 1 km außerhalb des Zentrums beim Messeturm. *26 Zi., Teréz utca 30, Tel 62/43 44 00, Fax 42 37 37, www.alfa-hotel.hu,* €–€€

Tisza Hotel

Innenstadthotel mit klassizistischem Charme, einem repräsentativen Entrée und denkmalgeschützten Sälen. *55 Zi., Wesselényi utca 6 (Széchenyi tér), Tel./Fax 62/47 82 78, www.tiszahotel.hu,* €–€€

AUSKUNFT

Tourinform

Dugonics tér 2, Tel./Fax 62/ 48 86 90, szeged@tourinform.hu

ZIELE IN DER UMGEBUNG

Gyula **[127 D4]**

5 km von der rumänischen Grenze und 105 km von Szeged entfernt liegt das Kurstädtchen (34 000 Ew.) mit der einzigen erhaltenen Ziegelburg Ungarns (mit Museum) und dem *Thermal-Burgbad* (Wellnesscenter mit 480-m²-Erlebnisbecken) und dem *Freibad* im Schlosspark *(Várkert utca 2, www.gyulavarfurdo.hu)*. Die gotische Burg (15. Jh.) ist im Sommer Kulisse für Freilichtspiele. Nahe der Burg liegt das schöne *Corvin Hotel (22 Zi., Jókai utca 9–11, Tel. 66/36 20 44, Fax 36 21 58, www.corvin-hotel.hu,* €*)* mit Restaurant. *www.gyula.hu*

Ópusztaszer **[126 A4]**

Welches Geschichtsverständnis Ungarn prägt, zeigt der 55 ha große *Nationale Historische Gedenkpark (Nemzeti Történeti Emlékpark) Ópusztaszer.* Im Freilichtmuseum werden auch originalgetreue Häuser wie ein Fischerhaus oder das Haus eines Zwiebelzüchters gezeigt. *April–Okt. 9–19 Uhr, Nov. bis März 9–17 Uhr, Szoborkert 68, www.opusztaszer.hu, 30 km nördlich von Szeged*

SZOLNOK

[126 A2] Nahe der Theißbrücke von Szolnok – mit 80 000 Ew. eine der größten Städte der Tiefebene – mündet der kleine Fluss Zagyva in die große Theiß. Am Zusammenfluss verweist das marmorne *Damjanich-Denkmal* auf eine der ältesten Künstlerkolonien Ungarns (1902) in der Straße Zagyva-parti sétány, die parallel zur Zagyva verläuft. Interessant für Besucher ist vor allem der historische Stadtbereich zwischen Theißbrücke, Kossuth Lajos ut und Theißufer.

SEHENSWERTES

Franziskanerkirche
Eine spätbarocke Kirche mit einer prunkvollen Ausstattung (Altäre, Fresken). *Templom utca 8a*

Kossuth Lajos út
An dieser zentralen, von der Theißbrücke in die Innenstadt führenden Straße liegt ein Großteil der historischen Bauten, wie z. B. das *alte Gericht (Nr. 1)*, das *Komitatshaus (Nr. 2)* und das eklektizistische *Rathaus (Kossuth Lajos tér, Nr. 9)* von 1885.

MUSEEN

Damjanich-János-Museum
Ein beeindruckender Bau mit verschiedenen Ausstellungen (Archäologie, Ethnografie, Volkskunst und Gemäldegalerie). *Di–So 9–17 Uhr, Kossuth tér 4*

Szolnok-Galerie
In der imposanten Synagoge von 1899. Wechselnde Ausstellungen. *Di–So 9–17 Uhr, Templom utca 2*

ESSEN & TRINKEN

Galéria
Restaurant und Café in einem über 100 Jahre alten Herrenhaus mit Rittersaal. *Szapáry utca 1, Tel. 56/51 30 53, €€*

ÜBERNACHTEN

Garden
Im Grüngürtel Tiszaliget. Schöne Restaurantterrasse und Wellnessbereich. *46 Zi., Tel. 56/52 05 30, Fax 52 05 40, www.gardenhotel.hu, €€*

FREIZEIT & SPORT

An und auf den Flüssen kann man Boot fahren, angeln und baden (sandige Ufer). Jenseits der Theiß (im Wäldchen Tiszaliget) liegen das *Sportzentrum* (Tennis, Hand- und Volleyball, Angelsee usw.) und ein *Thermalwasser-Freibad.*

AUSKUNFT

Tiszainform
Ságvári körút 4, Tel. 56/42 48 03, Fax 34 14 41, tiszainf@axelero.hu

ZIEL IN DER UMGEBUNG

Szarvas **[126 B3]**
Südöstlich von Szolnok liegt der 420 km² große *Nationalpark Körös-*

Maros. Eine seiner Aufgaben ist der Schutz des alten Flusses Körös, eines 30 km langen stehenden Gewässers. Das Städtchen Szarvas (20 000 Ew.) liegt am Südostrand des Parks, 70 km von Szolnok entfernt. Das städtische Insider Tipp *Arboretum (im Sommer tgl. 8–18 Uhr, im Winter bis ca. 15 Uhr)* ist mit 82 ha und 1600 Baum- und Straucharten eines der größten Ungarns. Es grenzt an das Wassersportgebiet *Hármas-Körös,* das mehrere tote Arme der Körös umfasst. In der idyllischen Landschaft am Fluss finden Sie die Anlage Insider Tipp *Liget Pension & Camping (11 Zi., auch Bungalows, Erzsébetliget, Tel./Fax 66/31 19 54, www.ligetpanzio.hu, €–€€)* mit großem Campingplatz, Badesteg am Fluss, Pool und Garten.

THEISS-SEE

[119 F4–5] Der 127 km² große Theiß-See (Tisza-tó), aufgestaut mit dem Wasser des Flusses Theiß, ist interessanter als ein normaler See, denn der Fluss fließt mitten durch die Seelandschaft hindurch und prägt dadurch ihren besonderen Charakter. Betrachtet man die Segler, Surfer und Jetskifahrer, die Restaurants und Pensionen am Ufer, könnte man meinen, beim kleinen Bruder des Balaton zu Gast zu sein. Doch nur wenige Kilometer weiter schmücken See- und Sumpfrosen das Wasser, flattern im Vogelschutzgebiet in der Bucht von *Tiszavalk* Vögel durch die Luft, die man noch nie gesehen hat.

Mit 15 000 Ew. ist *Tiszafüred* am nördlichen Ostufer die größte Stadt am See. *Abádszalók* (4750 Ew.) am Südufer besitzt mit der 14 km² großen *Attila-Bucht* ein lebhaftes Urlauberzentrum. Auch nach *Kisköre* (3350 Ew.) und *Poroszló* (3350 Ew.) zieht es zahlreiche Gäste, die einen familiären Natururlaub zu schätzen wissen. Am Theiß-See erwarten die Urlauber gute Angebote für Wassersportler und für Bootstouren zur Entdeckung der Theißlandschaft. Für Angler ist die Region ein Paradies. Viele Orte haben Thermalbäder.

ESSEN & TRINKEN

Galéria

In diesem kleinen Restaurant und Café gibt's in gemütlichem Rahmen gute Hausmannskost. *Fő utca 15, Tiszafüred, Tel. 59/35 05 12, galeriaetterem@vipmail.hu, €*

Im Zotteltrab unterwegs in der Großen Tiefebene bei Szarvas

Hableány
Eine gute Adresse für Fischliebhaber (auch ein Hotel mit 12 Zi.). *Hunyadi út 2, Tiszafüred-Örvény, Tel./Fax 89/35 33 33, €*

ÜBERNACHTEN

Füzfa Pihenöpark
Diese Ferienanlage befindet sich zwischen Naturschutzgebiet und See. Mit Restaurant, Hallenbad, Sportangeboten und viel Platz für Kinder. *24 Zi., 5 Holzhäuser, Kossuth Lajos utca 81, Poroszló, Tel./Fax 36/35 37 38, www.fuzfapihenopark.hu, €*

Kormorán
Sieben Apartmenthäuser mit Theißpanorama in einer attraktiven Yachthafenanlage (auch Camping). *Kormorán Kikötő, Tiszafüred-Örvény, Tel./Fax 59/35 03 50, www.kormorankikoto.hu, €*

Insider Tipp **Nádas**
In traditionellem Stil gebaut, reetgedeckte Häuser. *2 Zi., 5 Apartmenthäuser, Kismuhi utca 2, Tiszafüred, Tel. 59/51 14 01, Fax 51 14 02, www.nadaspanzio.hu, €*

CAMPING

Rozsdás Lovag
50 Plätze, auch Apartments und ein beliebtes Restaurant mit ungarischer und deutscher Küche. *Fürdő út 3–11, Tiszafüred, Tel. 59/35 33 06, Fax 35 38 09*

Thermal Camping
Direkt neben dem Thermal- und Freibad gelegen, 140 Plätze. *Fürdő út, Tiszafüred, Tel./Fax 59/35 29 11*

Ausgiebiges Sonnenbad an der Attila-Bucht des Theiß-Sees

AUSKUNFT

Tourinform
Tiszafüred: *Fürdő út 21, Tel./Fax 59/51 11 23, tiszafured@tourinform.hu, www.tisza-to-info.hu*
Abádszalók: *Deák Ferenc utca 1/17, Tel./Fax 59/35 73 76, abadszalok@tourinform.hu*

ZIEL IN DER UMGEBUNG

Berekfürdő **[120 A6]**
Der Thermalkurort (1100 Ew., 40 km südlich von Tiszafüred) mit Strand- und Thermalbad hat mit dem *Hotel Pávai (33 Zi., Pávai Vanja Ferenc utca 3, Tel. 59/51 91 11, Fax 51 94 44, www.termalhotelpavai.info, €€)* eine feine Kur- und Wellnessoase in einem Park.

DEO. O.M.
IN HONOREM
THAUMATURCI
DIVI
ANTONII
PADUANI
DICATA

Das Land der Berge, Weine und Höhlen

Die waldreichen Höhenzüge des Nordens und ihre faszinierenden Attraktionen

Zwischen dem nördlichen Rand der Großen Tiefebene und der Grenze zur Slowakei reihen sich Ungarns höchste Erhebungen Cserhát, Mátra, Bükk und Zemplén diagonal aneinander. Die prächtige Stadt Eger, Naturwunder wie die Baradla-Höhlen, Weinlandschaften und die Palózenkultur sind nur einige der Attraktionen in dieser naturschönen Berg- und Hügelregion. Die Palózen sollen Nachfahren turkstämmiger Kumanen vom Kaspischen Meer sein, die im 12. und 13. Jh. nach Ungarn kamen.

Gemüse im Straßenverkauf

EGER

[119 E3] Diese Perle des Barock (66 000 Ew., 130 km von Budapest) zwischen dem Mátra- und dem Bükk-Gebirge ist eine Augenweide. Die über 1000 Jahre alte Bischofsstadt hat im Laufe ihrer Geschichte manchen Sturm überstanden. Dem Türkenangriff von 1552 konnte Eger unter Führung des Burghauptmanns István Dobó noch standhalten, die Stadt fiel jedoch 1596 in türkische Hand und blieb bis 1687 besetzt. Mit dem Wiederaufbau begannen die Bischöfe im 18. Jh. An den Hängen des Bükk-Gebirges stehen die Rebstöcke für bekannte Weine wie Erlauer Stierblut (Egri Bikavér) und Erlauer Mägdelein (Egri Leányka).

Die elegant geschwungene Fassade der Minoritenkirche in Eger

SEHENSWERTES

Basilika

Die gewaltige Bischofskirche – sie ist 93 m lang und 53 m breit – mit der größten Orgel Ungarns wurde 1831 gebaut. Im Sommer finden Orgelkonzerte statt. *Pyrker tér*

Bischofspalais

★ Das Juwel der Burganlage von Eger ist das spätgotische Bischofspalais (15. Jh.) mit dem anmutigen Arkadengang. Von der Bischofsstadt

Altstadtstraße mit Marktständen in der Barockstadt Eger

aus dem 13. Jh. sind ansonsten nur Ruinen geblieben, so die Überreste der romanisch-gotischen Kathedrale. Schon die schöne Aussicht ist den Weg zur Burganlage jenseits des Flusses Eger wert.

Insider Tipp

Erzbischöfliches Lyzeum

Das Deckenfresko des österreichischen Malers Johann Lukas Kracker in der *Bibliothek (April–Sept. Di bis So 9.30–15 Uhr, Okt.–März 9.30 bis 13.30 Uhr)* des einstigen erzbischöflichen Lyzeums, 1763 erbaut, zeigt im unteren Teil das Konzil von Trient (1545–63). Im oberen Teil »zieht« es architektonische Elemente wie Säulen und Fenster bis hoch in die Kuppel, die so bedeutend höher wirkt, als sie ist. *Esterházy tér*

Erzbischöfliches Palais

Das Palais ist ein hufeisenförmig angelegtes barockes Ensemble mit klassizistischen Ergänzungen. *Széchenyi utca 1–3*

Kleinprobst- und Großprobst-Palast

Die beiden eleganten Paläste wurden 1758 bzw. 1849 vollendet. *Kossuth Lajos utca 4 und 16*

Minarett

Das 35 m hohe Bauwerk von 1596 war Teil einer Moschee. Von oben hat man einen schönen Rundblick. *April–Okt. tgl. 10–18 Uhr, Knézich Károly utca 4*

Serbisch-orthodoxe Kirche

Die großartige Ikonostase von 1789 lohnt den Weg hierher. *Di–So 10 bis 16 Uhr, Vitkovics utca 30*

St.-Antonius-Kirche

Eine herausragende Barockkirche mit nach vorn gewölbtem Mitteltrakt und Doppeltürmen. Errichtet 1758–73 nach Plänen des Barockbaumeisters Kilian Ignaz Dientzenhofer. Bei der Kirche liegt das ehemalige Minoritenkloster. *Dobó tér*

MUSEUM

István-Dobó-Burgmuseum
Das Museum in der Burganlage zeigt u. a. eine Gemäldeausstellung. *April–Aug. Di–So 8–20, Nov.–Feb. 8–17 Uhr, sonst 8–18 Uhr, Vár 1*

ESSEN & TRINKEN

Imola Udvarház
Eine Adresse für Feinschmecker, direkt an der Burg. Auch Hotel mit sechs Apartments. *Dózsa György tér 4, Tel./Fax 36/51 61 80, www.imolanet.hu, €€*

Insider Tipp **Palacsintavár**
Riesenportionen Palatschinken. Unterhalb der Burg, im Kellergeschoss des Hauses. *Dobó utca 9, Tel. 36/41 39 80, €*

ÜBERNACHTEN

Aqua
Charmantes Hotel in der Innenstadt mit dem gemütlichen *Champ's Pub* (im Sommer Grillgarten). *11 Zi., 5 Apartments, Maklari út 9, Tel. 36/51 25 10, Fax 51 25 16, www.hotelaqua-eger.hu, €€*

Bartók Tér
Relativ einfache, aber gut geführte Familienpension im Zentrum. *10 Zi., Bartók Béla tér 8, Tel, 36/51 55 56, Fax 51 55 72, www.bartokpanzio.axelero.net, €*

FREIZEIT & SPORT

Egers *Thermalbad (Török fürdő utca 1–3)* erinnert mit seiner Kuppel an türkische Badekultur. Die exklusive Anlage mit einem neuen Wellnesshaus befindet sich in einem schönen Park. Das *Freibad (Eger Városi fürdő, Petőfi tér 2)* hat sieben Becken (einige mit Thermalwasser).

AUSKUNFT

Tourinform
Bajcsy-Zsilinszky utca 9, Tel. 36/51 77 15, Fax 51 88 15, eger@tourinform.hu

ZIELE IN DER UMGEBUNG

Demjén und Noszvaj **[119 E4]** Insider Tipp
4 km nördlich von Kerecsend (20 km von Eger) liegt in Demjén das *Egri Korona Weinhaus (Tel. 36/55 05 74, Fax 55 05 73, www.*

MARCO POLO Highlights »Nordungarn«

★ **Bischofspalais**
Das architektonische Juwel des Burgbergs von Eger (Seite 81)

★ **Cifra-Stall**
Das Kutschenmuseum ist so schön wie interessant (Seite 85)

★ **Szalajka-Tal und Lipizzaner**
Ausflugsziel mit Wasserfall und Pferdezucht (Seite 84)

★ **Baradla-Höhlen**
Einzigartiges Höhlen-Naturwunder (Seite 86)

Reiterglück mit Lipizzanerpferden im Bükk-Gebirge

koronaborhaz.hu, €–€€) mit Restaurant und 15 Bungalows sowie schönsten Ausblicken auf die Weinpflanzungen. Das *Weingut von Vilmos Thummerer (Szomolyai út, Tel. 36/46 32 69, www.pannonwine.hu/thummerer)*, einem der besten Winzer Ungarns, steht 15 km von Eger entfernt in Noszvaj.

Mezőkövesd **[119 F4]**

Die Kleinstadt (18 000 Ew.) ist das Zentrum der für ihr Kunsthandwerk bekannten katholischen Volksgruppe der Matyó. Insider Tipp Im *Matyó-Museum (im Sommer Di–So 10 bis 16 Uhr, sonst 9–15 Uhr, Szent László tér 20)* sind Stickereien und anderes Kunstgewerbe ausgestellt. Die bekannteste Matyó-Volkskünstlerin war Bori Kis Jankó (1876 bis 1954). Einige Arbeiten sieht man in ihrem Haus in der *Kis Jankó Bori utca 22 (1. Mai–15. Okt. Di–So 9 bis 16 Uhr). 20 km südöstlich von Eger*

Szalajka-Tal und Lipizzaner **[119 E–F3]**

★ Das Szalajka-Tal (Szalajka-völgy) bei Szilvásvárad und die Lipizzaner sind im Bükk-Gebirge das beliebteste Ausflugsziel. Das *Lipizzaner-Gestüt Szilvásvárad* bietet (auf Anfrage) auch Reittouren an. Im Gasthof *Szalajka (24 Zi., Egri út 2, Tel./Fax 36/56 40 20, www.szalajkafogado.hu, €€)* stehen gute Fisch- und Wildgerichte auf der Karte. Das romantische Szalajka-Tal können Sie zu Fuß, gegen Gebühr mit dem Auto oder mit der Kleinbahn (5 km Fahrt) erleben. Die Bahn hält an mehreren Stationen, z. B. an einem Wildpark. Das meistbesuchte Ziel ist der kleine *Schleierwasserfall. 25 km nördlich von Eger*

MÁTRA-GEBIRGE

[119 D–E 3–4] Am nördlichen Rand der Großen Tiefebene beginnt der 50 km lange Höhenzug des Mátra-Gebirges. Die waldbedeckten Höhen mit ihren 400 km ausgeschilderten Wanderwegen, Skipisten und Thermalbädern sind ein ideales Ziel für Natur-, Sport- und Kururlauber (85 km von Budapest).

Kékestető und Mátraháza

Ungarns höchster Berg ist der 1014 m hohe Kékestető nahe dem Klimakurort Mátraháza (715 m), 8 km von Mátrafüred. Am Kékestető stehen ein gut 20 m hoher Aussichtsturm von 1888 und ein 196 m hoher *Fernsehturm mit Café (Mo–Sa 8–16, So 8–18 Uhr).*

Mátrafüred

Der Ort (1800 Ew.) liegt auf 340 m Höhe und ist über die Straße

Insider Tipp

Nr. 24 und per Schmalspurbahn (von Gyöngyös) zu erreichen. Für Wanderer gibt schöne Wege zu Aussichtspunkten auf dem Hanák (584 m), dem Muzsla (484 m) und dem Komáro (379 m). Eine villenähnliche Pension ist die *Hegyalja Panzió (14 Zi., Béke út 7, Tel. 37/32 00 27, Fax 32 00 28, €€)*.

Parád und Parádfürdő

Von Mátraháza aus führt eine Serpentinenstraße (Nr. 24) durch eine schöne Landschaft nach Parád (2300 Ew.) und zum Thermalkurort Parádfürdő. Parád ist »Palózenland«. Feine Volkstrachten und andere Exponate zum Lebensstil dieser Volksgruppe sind im 200 Jahre alten *Palózenhaus (März–Okt. Di bis So 9–18 Uhr, Nov.–Feb. 10 bis 14 Uhr, Sziget utca 6)* ausgestellt. Auf dem Weg nach Paradfürdő liegt der herrschaftliche, mit rotem Marmor verkleidete ★ *Cifra-Stall (April–Okt. Di–So 9–17, Nov.–März 10–16 Uhr, Kossuth Lajos utca 217)*, heute ein Kutschenmuseum.

Parádsasvár

Das 600-Ew.-Dorf in schöner Tallage (18 km von Mátrafüred), umgeben von den Mátra-Bergen, verdankt seine Bekanntheit den Glashütten der Gegend und dem Thermalwasser. Eine feine Urlaubsoase (Wellness, Reiten, Angeln, Jagd) ist das 1827 erbaute und 1882 von Miklós Ybl erweiterte Bailiff-Haus, heute *Schlosshotel Sasvár (57 Zi., Kossuth út 1, Tel. 36/44 44 44, Fax 54 40 10, www.sasvar.hu, €€€)*. Das Gutsverwalterhaus von 1827 beherbergt die *St.-Hubertus-Pension (22 Zi., Rákóczi út 2, Tel./Fax 36/54 40 60, €)* mit Restaurant (Wildgerichte, Eintöpfe).

MISKOLC

[120 A3] Die einst triste Industriestadt (208 000 Ew.) an den Ausläufern des Bükk-Gebirges, 180 km von Budapest, hat in der Innenstadt sehr gewonnen. Sehenswert ist vor allem der barocke Stadtkern. Zu Miskolc gehören auch die schön gelegenen Kur- und Erholungsorte Miskolc-Tapolca und Lillafüred.

SEHENSWERTES

Diósgyőr und Lillafüred

In der *Burg Diósgyőr* mit ihren 24 m hohen Ecktürmen hielten sich Ungarns Könige im 14. und 15. Jh. am liebsten auf. Den rechteckigen Innenhof umgeben teils über 3 m dicke Mauern *(Mai–Sept. tgl. 9–18 Uhr, www.diosgyorivar.com)*. In schöner Lage neben der Burg: ein Campingplatz und das *Freibad Miskolc-Diósgyőri (20. Mai bis 31. Aug., Vár utca 1)*.

Mit der Schmalspurbahn von Miskolc zum Höhenkurort Lillafüred (320 m) – dieses Vergnügen sollten Sie sich nicht entgehen lassen. Mittelpunkt des Urlaubsortes ist das Hotel Palota neben dem See Hámori. In Lillafüred können Sie zwei Höhlen besichtigen: die *Tropfsteinhöhle St. Stephan (Erzsébet sétány, Führungen 15. April–15. Okt. 9–16 Uhr)* und die *St.-Anna-Höhle (Führungen 15. April–15. Okt. 10 bis 15 Uhr zur vollen Stunde)*.

Nationaltheater

Das erste in Stein gebaute ungarische Theater von 1819 brannte 1843 nieder und wurde im Stil des romantischen Historismus wieder aufgebaut. *Széchenyi utca 23*

Reformierte Kirche
Treppen führen zur gotischen Hallenkirche (1470) mit dem freistehenden Glockenturm am Avas-Hügel (234 m). Vom Fernsehturm oberhalb der Kirche genießen Sie einen wunderbaren Ausblick.

MUSEEN

Hermann-Ottó-Museum
Das Museum von Rang zeigt eine bedeutende Gemäldesammlung und informiert über die Geschichte der Stadt. *Di–So 10–16 Uhr, www.hermuz.hu, Papszer utca 1, zweites Haus in der György Artúr utca 18*

Ungarisches Orthodoxes Kirchenmuseum
Hier ist die größte griechisch-orthodoxe Sammlung des Landes zu sehen. *Di–So 10–16 Uhr, Deák tér 7*

ESSEN & TRINKEN

Calypso
Typisch ungarische Küche in einem restaurierten Bürgerhaus, mit Terrasse. *Városház tér 7, Tel. 46/32 46 16, €€*

ÜBERNACHTEN

Insider Tipp **Diósgyöri Várkert**
Attraktive Hotelpension mit Restaurant. Blick auf das Bükk-Gebirge, großzügige Zimmer. *12 Zi., Tapolcarét 2/a, Tel. 46/53 22 47, Fax 53 22 79, www.hotels.hu/varkertmiskolc, €€*

Tölgyfa Pension
In schöner Waldlage, 600 m vom Höhlenbad. *10 Zi., Ungvári utca, Tel. 46/55 50 40, Fax 55 50 41, www.tolgyfapanzio.hu, €*

Zénit Pension
Diese Pension mit familiärer Atmosphäre liegt rechts der Straße von Miskolc zum Kurort Tapolca. *8 Zi., Tapolcai út 25, Tel./Fax 46/56 15 61, www.zenitpanzio.hu, €*

FREIZEIT & SPORT

Das modernisierte *Thermal- und Erlebnisbad* in einer Grottenhöhle ist ein besonderes Erlebnis. An manchen Stellen strömt das Thermalwasser wie ein Wasserfall aus dem Gestein. Das Freibad ist nur im Sommer (April–Okt.) geöffnet. *Miskolc-Tapolcai-Thermalbad, Juni bis Sept. tgl. 9–19 Uhr, Okt.–Dez., Feb. bis Mai 9–18 Uhr, Pazár István sétány, www.barlangfurdo.hu*

AUSKUNFT

Tourinform
Városház tér 13, Tel. 46/35 04 25, Fax 35 04 39, miskolc@tourinform.hu

ZIELE IN DER UMGEBUNG

Baradla-Höhlen **[119 F1]**
★ Die märchenhafte Unterwelt im Karstgebiet Aggtelek (an der Grenze zur Slowakei, 65 km nördlich von Miskolc) zählt zum Welterbe der Unesco. Das Tropfsteinhöhlensystem ist auf ungarischer Seite 17 km lang und beherbergt atemberaubende Naturkreationen in teils gewaltigen Sälen. Der Haupteingang befindet sich in *Aggtelek*, zwei weitere Eingänge liegen in dem Bergdorf *Jósvafő* und am *Roten See (Vöröstó)*. Es verkehren auch Shuttlebusse zwischen Aggtelek und Jósvafő. Zum Komplex gehört eine Kurhöhle zur Behandlung von

Asthmatikern. Ein Erlebnis ist ein Konzert im großen Höhlensaal. *1- oder 2-stündige Gruppenführungen April–Okt. 8–18 Uhr, Nov.–März 8 bis 16 Uhr; 5- bis 7-stündige Touren nur bei Voranmeldung: Tourinform, Baradla oldal 3, Aggtelek, Tel. 48/ 50 30 00, Fax 50 30 02.* Übernachtung: in Jósvafő im hofartigen *Tengerszem Hotel (18 Zi., Tengerszem odal 1, Tel./Fax 48/50 60 05, www.anp.hu, €)*

Sárospatak **[120 C2]**

In dem Städtchen (17 000 Ew.) am Fluss Bodrog steht ein *Renaissanceschloss* der Fürstenfamilie Rákóczi, die in Ungarns Geschichte eine bedeutende Rolle spielte. Der 1530 begonnene Palast wurde von Fürst György und seiner Frau Zsuszanna Rákóczi im 17. Jh. zu einem luxuriösen Schloss ausgebaut *(März–Okt. Di–So 10–18 Uhr, Nov.–Feb. 10 bis 17 Uhr, Szent Erzsébet utca 19). 80 km nordöstlich von Miskolc*

Tokaj **[120 B3]**

Hier dreht sich alles um den bekannten Wein – und der wird in Tokaj (5200 Ew.) in großem Stil vermarktet. Einen Rundgang wert ist die kleine *Innenstadt* mit Rathaus, griechisch-orthodoxer Kirche und Synagoge. Das *Rákóczi-Barockschloss (Bajcsy-Zsilinszky út 15)* beherbergt heute eine Schule. Wer das Labyrinth des *Rákóczi-Weinkellers (Kossuth tér 15)* erleben möchte, muss eine Weinprobe buchen. Die Geschichte des Tokaj-Weins erzählt das *Weinmuseum (Di–So 9 bis 16 Uhr, Bethlen Gábor utca 7)*. Eine erste Adresse ist das *Gróf Degenfeld Palais (Restaurant, Pension, Weinshop, Kossuth tér 1, Tel. 47/ 55 21 73, www.degenfeldpalota.hu, €€). 50 km östlich von Miskolc*

Das Labyrinth des Rákóczi-Weinkellers in Tokaj ist 1,5 km lang

Bergidyll, Tokajer, weite Puszta

Die Touren sind in der Karte auf dem hinteren Umschlag und im Reiseatlas ab Seite 116 grün markiert

1 VÉRTES- UND BAKONY-GEBIRGE

100 km liegen auf direktem Weg zwischen der 30 km nordöstlich vom Balaton gelegenen Stadt Székesfehérvár, dem östlichen Ausgangspunkt der Rundtour, und Pápa, dem westlichsten Punkt. Planen Sie ohne ausführliche Besichtigungen einen Tag ein, sonst zwei Tage.

Von *Székesfehérvár (S. 41)* fahren Sie auf der Straße 81 nach Nordwesten Richtung Mór. Etwa 7 km vor Mór (bei Söréd) biegen Sie rechts nach *Csákvár* ab. In Csákvár – wegen der guten Luft ein Lungenkurort – baute der französische Architekt Charles-Pierre de Moreau den Esterházys ein repräsentatives Empireschloss, das nach dem Umbau von 1820 stark klassizistische Züge trägt und heute ein Sanatorium beherbergt. Von Csákvár aus geht es nach Nordwesten, nach *Oroszlány*. An der Straße liegt 4 km vor Oroszlány die einstige *Eremitage von Majk (Majkpuszta, April–Okt. tgl. 9–16 Uhr, Nov. bis März Fr–So 10–15 Uhr)* mit ihren 17 Barockklausen von 1796.

Ungarn hält wunderschöne Ausflugslandschaften bereit, wie hier in der Balatonregion

Über Oroszlány fahren Sie nun in Richtung Westen nach Bokod. In Bokod zweigt eine kleine Straße nach *Mór* ab. Die Südhänge des Vértes-Gebirges bei Mór sind Weinanbaugebiete. Hier ließen sich auch viele Deutsche, die so genannten Donauschwaben, nieder. Wer in die *Fogadó az Öreg Préshez (Arany János utca 4, Tel. 22/40 86 92, www.oregpres.hu, €)* einkehrt, erlebt deren Tradition. Dieser Gasthof mit bester Küche ist ein Ensemble aus restaurierten Bauernhäusern (auch ein Hotel mit 28 Zimmern). Mitten in Mór steht das spätbarocke, 1762 bis 1766 errichtete *Schloss der Grafen Lamberg (Szent István tér 5)*, das jetzt als Bibliothek dient. Die römisch-katholische *Kapuzinerkirche* am Kapucinus tér entstand in ihrer heutigen Form 1880/81. Das Kloster grenzt direkt an die Kirche. Das *Láncos-Schloss (Szent István tér 6)*, heute das Bürgermeisteramt, stammt von 1790. In westlicher Richtung geht es von Mór ins etwa 30 km entfernte *Zirc (S. 45)*. Sehenswert ist außer der *Zisterzien-*

serabtei auch das 18 ha große *Arboretum (Damjaniach utca 9, 15. März–30. April 9–16 Uhr, Mai bis Aug. Di–So 9–18, Sept. 9–17 Uhr).*

12 km nördlich von Zirc (Straße 82) liegt auf einem 350 m hohen Felsen die *Burgruine Csesznek* – schön anzusehen, aber nur bei Spitzenkondition zu besteigen! Zum Einkehren: Wenige Autominuten nordwestlich von Zirc (Richtung Borzavár) liegt in *Szépalmapuszta*, nahe dem höchsten Bakony-Berg Kőris (709 m), das *Hotel Szépalma (S. 45).* Die Haupttour führt weiter – mitten durchs Bakony-Gebirge – zur 48 km westlich von Zirc gelegenen Stadt *Pápa (S. 34).* Auf dem Weg dorthin liegt im Landschaftsschutzgebiet Magas-Bakony der Ort *Bakonybél*, wie andere Bakony-Dörfer ein guter Ausgangspunkt für Wanderungen. Die Barockstadt Pápa verdankt ihre Grandezza den Fürsten Esterházy. Der beste Ausgangspunkt für eine Erkundung ist der zentrale *Fő tér.*

Die Tour geht weiter auf der Straße 83 zur Landstraße E 66/Straße 8 (in östlicher Richtung nach Veszprém). Zu empfehlen ist ein Abstecher (10 km hinter Pápa) nach *Ganna* und *Döbrönte (S. 36).* In Ganna steht eine Grabeskirche der Esterházys. 2,5 km weiter, in Döbrönte, endet die Straße im Ort. Schön ist ein Spaziergang zur Ruine der Festung. Von oben haben Sie eine wunderbare Aussicht. Unterhalb der Ruine liegt das *Hotel Hasik.* Wer etwas mehr Zeit mitbringt und vorher anruft, kann Insider Tipp den Reiterhof des Hotels besuchen. Für Kinder gibt es Streicheltiere wie Pony, Ziege, Esel und Hunde. Sie können Ausritte – wenn gewünscht, mit einem Picknick im hoteleigenen Weinberg – oder eine Kutschfahrt unternehmen. Die letzten Stopps sind das für seine Porzellanherstellung berühmte *Herend (S. 45)* und die Königinnenstadt *Veszprém (S. 44).*

2 AUF DEN SPUREN DER TOKAJ-WEINE

Die als Unesco-Welterbe registrierte Weinregion Tokaj 200 km nordöstlich von Budapest erreichen Sie über die M3 (Abfahrt Miskolc) und dann über die Landstraße 37. Länge der Tour von/bis Szerencs 130 km, Zeitbedarf ein bis zwei Tage.

Im 17. und 18. Jh. fehlte der Tokajer auf keiner königlichen Tafel, und Dichterfürst Johann Wolfgang von Goethe setzte ihm im Faust ein literarisches Denkmal mit den Mephisto-Worten: »Euch soll sogleich Tokayer fließen./... Ein tiefer Blick in die Natur!/Hier ist ein Wunder, glaubet nur!/Nun zieht die Pfropfen und genießt!«

Das 6600 ha große Weinanbaugebiet an den südlichen Ausläufern der Zemplén-Berge, *Tokaj-Hegyalja* genannt, erlebt eine Renaissance, nicht zuletzt dank großer internationaler Investitionen in das »Mekka der Süßweinproduktion«. Der Ort *Szerencs* ist das Tor zur Weinregion, und wenige Kilometer weiter grüßt links der Straße 37 das Gelbe Weinhaus der Spitzenkellerei *Disznókő* (Restaurant). Auf dem weiteren Weg begleiten Sie zur Linken die Hügellandschaft mit ihren Weinanpflanzungen und bei Tokaj der 515 m hohe gleichnamige Berg.

In *Tarcal*, 9 km vor Tokaj (nach rechts abbiegen auf die Straße 38),

Das vollständig restaurierte Burgviertel von Veszprém

ist das *Schlosshotel des Weinguts Gróf Degenfeld (Terézia kert 9, Tel. 47/58 04 00, www.grofdegenfeld.hu)* der ideale Ort, um sich beim Stopp im Restaurant mit einigen Geheimnissen des Tokajers vertraut zu machen. *Aszú* heißt das Zauberwort, das die kostbare Geschmackswelt der edelsüßen Weine erschließt. Die Rebsorten, aus denen Tokaj-Weine gekeltert werden – Furmint, Hárslevelű (Lindenblättriger) und der seltene Muscat Lunel – sind ständige Begleiter auf dieser Route. Ebenso der Fluss Bodrog, ohne den die Weine nicht wären, was sie sind, denn erst im Zusammenspiel mit der Flussfeuchtigkeit entsteht jener Schimmelpilzbefall der Trauben, der mit der Herbstsonne den Zuckergehalt in einzigartiger Weise konzentriert.

In *Tokaj (S. 87)*, am Zusammenfluss von Bodrog und Theiß, empfiehlt sich eine Besichtigung der historischen Innenstadt und des imposanten Rákóczi-Kellers. Über den netten Weinort *Bodrogkeresztúr* geht es weiter nach *Tolcsva* (links der Straße 37) mit dem Spitzenweingut *Tokaj-Oremus (Bajcsy-Zsilinszky utca 45, Tel. 47/38 45 05, Fax 38 45 04, www.tokajoremus.com)*. Einzigartig ist dort das kilometerlange dreistöckige, seit dem 12. Jh. von Hand ausgeschlagene Kellersystem, das 8–30 m in die Tiefe reicht *(Verkostungen: Mo–Fr 10–16 Uhr, möglichst nach Anmeldung)*. Spätestens hier werden Sie weitere Geheimnisse der Tokaj-Weine lüften. So werden beispielsweise für einen *Aszú*-Wein die unter dem Schimmelpilzeinfluss geschrumpften Trauben bei der Lese einzeln aus der Gesamttraube herausgepflückt. Für den *Szamorodni* dagegen wird die gesamte Traube verwendet.

Über die Straße 37 geht es weiter bis zur Abzweigung (links) nach *Hercegkút* (12 km). In einer der für Tokaj charakteristischen vierreihigen Anlagen liegt das Kellersystem des kleinen Weingutes *Götz (Götz Pincészet, Petőfi Sándor út 193, möglichst mit Anmeldung, Tel/Fax 47/34 62 47, gotz@enternet.hu).*

Das Städtchen *Sárospatak (S. 87),* rechts der Straße 37, verdankt seinen Beinamen »ungarisches Cambridge« dem Mitte des 16. Jhs. gegründeten Reformierten Kollegium. Einen schönen Spaziergang können Sie im Schlosspark der am Bodrogufer gelegenen *Rákóczi-Burg* unternehmen. Vom Turm (bei einer Führung zu besichtigen) bietet sich ein wunderbares Panorama. Unter dem Schlosspark verbirgt sich das 1 km lange und 12 m tiefe Kellersystem des renommierten Weinguts *Pajzos-Megyer (Nagy Lajos utca 12, Tel. 47/31 23 10, Fax 31 23 20).* Kellerführungen und Verkostungen finden Mo–Fr stündlich, im Sommer auch an den Wochenenden statt.

Sie können jetzt auf der gleichen Strecke zurückfahren oder den Ausflug über den Wintersportort *Sátoraljaújhely* durchs Gebirge und dann entlang der westlichen Abhänge des Zemplén-Gebirges fortsetzen. Sátoraljaújhely mit dem schönen barocken *Rathaus (Kossuth Lajos tér 5)* von 1754 und der *Piaristenkirche (Deák Ferenc utca 12)* mit dem mittelalterlichen Kreuzgewölbe und dem barocken Interieur ist ein beliebter Wintersportort. Übernachten können Sie im *Hotel König (Széchenyi tér 5, Tel. 47/ 52 34 00, Fax 52 34 02, www.hotelkonig.hu, €€).*

Von Sátoraljaújhely geht es durch die Hügel westwärts nach *Pálháza.* Lohnend ist ein Abstecher (2 km) nach rechts, nach *Füzérradvány* zum *Schloss Károlyi* in einem 100 ha großen Park und zur *Burg von Füzér.* Über den Goldgräberort *Telkibánya* und *Gönc* geht es wieder südwärts. Zwischen Gönc und der Straße 37 liegen weitere Weinorte wie *Abaújszántó, Tállya* und *Mád.*

3 PUSZTA-ROMANTIK IN DER GROSSEN TIEFEBENE

Auf dieser Tour begegnet Ihnen noch typische Puszta-Atmosphäre. Von Budapest aus fahren Sie auf der Straße 51 nach Süden, parallel zur ca. 55 km langen Insel Csepel, die von zwei Donauarmen umgeben ist. Erst jenseits der Industriegebiete bei Budapest wird die Gegend schön. Für die Tour (von/bis Budapest 290 km) sollten Sie einen Tag einplanen.

Etwa 30 km hinter Budapest, in *Kiskunlacháza,* führt eine Abzweigung zur einstigen Serbenstadt *Ráckeve* (auf der Insel Csepel) mit dem eleganten *Schloss Savoyen (Kossuth Lajos utca)* und der Serbenkirche *(Viola utca 1)* aus dem 15. Jh. mit beeindruckenden Fresken und einer spätbarocken Ikonostase. Mit dem Bau seines Schlosses beauftragte der Türkenbezwinger Prinz Eugen 1702 den Ingenieur Johann Lukas Hildebrand. Zur Weiterfahrt kehren Sie zurück zur Straße 51, auf der es in südlicher Richtung bis *Solt* geht. Für einen guten Cappuccino, ein prima selbst gemachtes Eis oder einen hervorragenden Strudel lohnt ein Abstecher zum unscheinbaren *Café Erzsébet* (von der Straße 51 nach rechts auf die 52 abbiegen, gegenüber einer Tankstelle links an einem Parkplatz, mit Tischen im Freien).

Auf der Straße 52 geht es in östlicher Richtung weiter Richtung

Kecskemét. Die Einzelhöfe, *tanya* genannt, sind ein Markenzeichen der Puszta-Landschaft. Die meisten sind entweder verfallen oder wurden zu Restaurants oder Gasthöfen ausgebaut. Auf dem Weg nach Kecskemét liegt bei *Fülöpháza die Somodi Tanya (S. 74)* von Marika und Alwin, ein urgemütlicher, reetgedeckter Reiterhof mit gutem Restaurant. Westlich des Ortes liegt ein Teil des *Puszta-Nationalparks Kiskunság* mit Flugsanddünen, den zwei Lehrpfade erschließen (einer beginnt direkt an der Somodi Tanya). Wie einst ein echter Puszta-Einzelhof aussah, erleben Sie wenige Kilometer nordöstlich von Fülöpháza in der sandigen Einöde von *Kunpuszta/Kerekegyháza.* Dicht beieinander liegen dort die touristische *Varga Tanya (Tel. 76/37 10 30)* und der *Hof von Olga Rendek (Kunpuszta 81, Kerekegyháza, Tel. 76/38 17 62)*, von der Varga Tanya per Kutsche oder in einer halben Stunde zu Fuß zu erreichen. Olga Rendek und ihr Mann haben die *tanya* der Großeltern restauriert und zeigen das Anwesen im ursprünglichen Zustand – so, wie man damals darin lebte. Das nächste Ziel ist die bildschöne Stadt *Kecskemét (S. 72).* Wer den Ort bei einem Kaffee auf sich wirken lassen möchte, sollte die markisenüberdachten Terrasse des *Café und Restaurant Túróczy (Szabadság tér 1)* ansteuern. Das elegante Haus wurde von Gyula Pártos 1875 als Ladenpassage gebaut.

Über die Landstraße 54 geht es weiter zum südlich der Stadt gelegenen *Nationalpark Bugac-Puszta (S. 65).* Mitten in der Puszta liegt die kleine Hofanlage *Gál Tanya (Bugac Puszta, Tel./Fax 76/46 21 23, €)* mit zwei komfortabel eingerichteten Häusern, die als Apartments zu mieten sind.

Der schnellste Weg zurück nach Budapest führt über die bei Kecskemét beginnende (gebührenpflichtige) Autobahn M5.

Hirten vor einem Gehöft in der Bugac-Puszta

99
134

Action & Fun für jedes Temperament

Ob Reiten oder Segeln auf dem Balaton – Ungarn bietet jede Art von Fitnessspaß

Ungarn, das ist bekannt, ist ein Paradies der Reiter. Aber auch Angler, Wassersportler, Golfspieler und Biker finden im Land der Hügel, Seen und Flüsse viele Möglichkeiten, um ihre Sportarten auszuüben.

ANGELN

Gute Reviere in Westungarn sind der Balaton und der Velence-See (Info »Angeln auf dem Velencer See« bei den Tourismusämtern). Angelurlaub in Balatonalmádi: *Marathon Yacht Club Angelzentrum, Véghelyi D. utca 1, Tel. 88/ 43 85 14, Fax 43 91 57, www.marathon.hu*

In Ostungarn ist man am Fluss Theiß (Tisza) und am Theiß-See intensiv auf Angelurlauber eingestellt. In Tiszafüred: *Horgász Center (Holt-Tisza Part, Tel. 30/965 98 24)* und *Angler- und Familiencamping (Kastély út, Tel./Fax 59/35 12 20, www.hotels.hu/horgcamp)* mit Pool und Restaurant. Ein rustikaler Campingplatz (mit Hafen) ist die *Horgásztanya (Tel. 30/975 88 09)* in Tiszaderzs.

Der Balaton ist ein beliebtes Segelrevier

Fürs Fischen in öffentlichen Gewässern benötigt man eine Genehmigung (erhältlich z. B. in Angelgeschäften). Infos gibt es bei den Tourismusämtern der jeweiligen Orte.

BOBBAHNEN

Bobbahnen mit bester Aussicht gibt es im Donauknie in Visegrád *(Nagyvillám, www.visegrad.hu/bob, tgl. Juni–Aug. 9–19 Uhr, Dez.–Feb. 11–16 Uhr, sonst 10–17 Uhr)* und im Westen Ungarns in Sopron *(Bécsi domb, www.sopronnet.hu/bob, tgl. Juni–Aug. 9–19 Uhr, Mai und Sept. 10–18 Uhr, April und Okt. 10–17 Uhr)*. In Balatonfüzfő: *Uszoda utca 2, www.balatonibob.hu, tgl. ab 10 Uhr bis in den Abend*

FLIEGEN

Dieses Vergnügen bieten Veranstalter vor allem am Balaton.

Balaton/Westungarn

Zalakaros: *BE-SZI Top, Flughafen Zalakaros (Richtung Zalakomár), Tel. 20/932 73 04, Fax 93/ 70 10 91, www.bezitop.hu* (Rundflüge, Drachen, Sportflugzeuge)

Siófok: *5 km südwestlich der Stadt in Siófok-Kiliti, Tel. 84/*

32 26 55, Fax 52 20 53, www.bud.hu (Drachenfliegen, Gleitschirm, Rundflüge)

7 km südwestlich von Pápa, bei Dáka, liegt ein Flughafen für Rundflüge und Drachenflüge *(Tel. 30/ 258 39 42)*.

GOLF

Es gibt inzwischen 14 Golfplätze in Ungarn, davon vier 18-Loch-Plätze *(Ungarischer Golfverband, Dózsa György út 1–3, Budapest, Tel. 1/422 06 29, www.hungolf.hu)*.

Insider Tipp Topadressen sind der neue *Pólus Palace Golf & Country Club* und die attraktive Anlage in *Alcsútdoboz* (25 km westlich von Budapest).

In Göd bei Budapest: *Pólus Palace Thermal Golf Club Hotel, Kádár utca 49, Tel. 30/400 56 11, Hotel Tel. 27/53 05 00, Fax 53 25 15, www.poluspalace.hu*

In Alcsútdoboz: *Pannonia Golf & Country Club, Máriavölgy, Dez., Jan. geschl., Tel. 22/59 42 00, Fax 59 42 05, www.pannonia-golf.hu*

KANU, KAJAK & RUDERN

Wie Adern durchziehen Flüsse und Wasserläufe das Land. Einige der interessantesten Wasserlandschaften liegen im östlichen Ungarn.

Große Tiefebene/Theiß-See

Der Theiß-See ist ein ideales Revier für erlebnisreiche Bootstouren. In Tiszafüred:

Albatrosz, Ady Endre utca, Tel. 30/967 60 37 (Kajak- und Kanutouren)

Privathafen Szabics-Kikötő, Tiszafüred-Örvény, Tel. 59/35 12 41 (Theiß-Touren, Bootsverleih, Liegeplätze, Anglerservice und Camping)

RADFAHREN

Das Radwegenetz ist in den letzten Jahren ständig ausgebaut worden. Außer in Intercity- und Eurocityzügen nimmt die ungarische Bahn (MÁV) Räder in markierten Waggons mit. Radtourbroschüren gibt es bei den Tourismusämtern.

Touren und Ausflüge am Balaton und im Balatonoberland (mit gutem Service) veranstaltet *Vinociped (Tel. 20/340 65 99, www.vinociped.hu)* in Balatonalmádi. Schön zu befahren ist der Damm rund um den Theiß-See.

REITEN

Im Pferdeparadies Ungarn steht der Reitsport hoch im Kurs.

Balaton/Westungarn

Balatonfenyves: Zum *Hubertus-Hof* gehören neben dem Reit- und Jagdhotel eine Reitschule und ein Gestüt. Kutschfahrten oder Jagdreiten, Ausritte und Grundausbildung in Dressur und Springen. *Nimród út 1, Balatonfenyves, Tel. 85/56 09 30, Fax 56 02 71, www.hubertus.hu*

Balatonlelle: An der Straße 7 bei km 132 finden Sie die attraktive Anlage *Rádpuszta Pferdezentrum* Insider Tipp *(15. April–30. Nov., Tel. 20/ 339 43 83, Fax 84/36 12 74, www.radpuszta.hu)*.

In Zánka am Nordufer des Balaton: *Lovas Szabadidőpark, Tatyonhegy dűlő, Tel. 20/474 84 61, www.lovasfalu.hu*

Große Tiefebene/Puszta

Einer der ältesten Puszta-Reiterhöfe ist die rustikale *Magony Tanya (II. körzet 72, Fülöpháza, Tel./Fax 76/37 12 01)*. Zur *Biczó Csárda*

Wer sein Glück auf dem Rücken der Pferde findet, ist in Ungarn richtig

(Hármaspuszta 11, Fülöpszállás, Tel. 78/54 51 00, Fax 54 51 01, www.biczocsarda.hu) mit Pension gehört ein Lipizzanergestüt.

Nordungarn

2 km von der Burg in Eger liegt am Fuß des Eged-Hügels ein Lipizzaner-Reiterhof mit einer Familienpension. *Mátyus Udvarház, bei der Noszvaji út, Tel./Fax 36/51 79 37, www.matyusudvarhaz.hu*

SEGELN & WASSERSKI

Am Balaton sind Motoren verboten, am Theiß-See darf mit Motor (z. B. Jetski) gefahren werden.

Yachthafen und -charter in Balatonkenese, einem der schönsten Balatonhäfen: *Kenese Marina Port, Kikötő utca 2–4, Tel./Fax 88/ 49 23 69, www.marinaport.hu*

Wasserskianlage in Balatonfüred: *Wasserski/Füred Camping, Széchenyi utca 24, Tel. 20/ 352 26 50;* in Siofók: *Pentasí, Siófok-Szabadifürdő, Vizisí pálya*

Abádszalók am Theiß-See: *Riviéra Sportgeräteverleih (hinter dem Szalok Yacht Klub am József Attila körút 42, Tel. 30/958 88 22, Informationen gibt's an der Riesenrutsche).*

SURFEN

Der kleine Velence-See, sein großer Nachbar Balaton und der flache Theiß-See sind die Hauptreviere für Windsurfer.

Ein guter Treffpunkt für Surfer am Balaton ist in Vonyarcvashegy die *Windsurfschule Vonyarcvashegy (Tel./Fax 83/34 89 48 und 30/ 946 06 86, www.iridium.hu/surf).*

Surfen und Kitesurfen in Balatonfüred: in der Anlage *Füred Camping,* Insider Tipp *Tel. 30/407 94 43, www.vizisport.gportal.hu.*

Kinder sind herzlich willkommen

Die kleinen Urlaubsgäste profitieren von der großen Kinderliebe der Ungarn

Was viele Kinder zu Hause kaum mehr erleben, hält Ungarn landauf, landab bereit: Naturerlebnisse, Spaß mit Tieren und kreative Mitmachprogramme. Ein Herz für Kinder hat man überall im Land.

TRANSDANUBIEN

sider pp **Eierparade** **[124 A5]**
In dem kleinen Ort Zengővárkony ca. 20 km östlich von Pécs sehen Kinder nicht nur Eier aller Art (Enten-, Gänse-, Hühner- und Straußeneier), sondern auch, wie toll man sie bemalen kann. Die 2130 Kleinode stammen aus Ungarn und 17 weiteren Ländern. *16. April bis 30. Sept. Do–Di 10–18 Uhr, Okt. bis 15. April 10–15 Uhr, Eintritt Kinder 150 Ft., Erw. 300 Ft., Kossuth Lajos utca 6, Zengővárkony*

Puppenhaus von Fehérvár **[117 F5]**
Im zauberhaften Puppenhaus mit seinen winzigen Stuben und Häusern gibt es einen Extraraum mit Zinnsoldaten, Schiffen und Pferdegespannen. *Di–So 10–17 Uhr, Eintritt Kinder 130 Ft., Erw. 310 Ft., Megyeház utca 17, Székesfehérvár*

Urzeit-Park **[118 B6]**
Ein Dorf aus der Eisenzeit ist die neueste Attraktion des faszinierenden Urzeitparks, zu dem auch ein 2700 Jahre altes Hünengrab gehört. Es gibt viel zu sehen und zu tun (auch Familientage mit Programm). *Kinder 414 Ft., Erw. 805 Ft., Familienticket (bis 5 Pers.) 2070 Ft., István király utca 4, Százhalombatta*

BALATON

Afrika-Museum **[123 D2]**
Kamelreiten am Balaton? Das gibt es. Und diese Attraktion ist nicht die einzige auf dem 2 ha großen Gelände des Afrika-Museums. Kinder können auch auf dem Pony reiten oder sich auf Hüpfburgen austoben. *Mai–Sept. tgl. 9–18 Uhr, April 9–17 Uhr, Okt. 9–16 Uhr, Eintritt Kinder 500 Ft., Erw. 700 Ft., Kültelek 11 (an der Landstraße 71), Balatonederics*

Aquacity-Erlebnispark **[122 B2]**
Mit 6000 m^2 Wasserfläche bietet der Park (in Zalaegerszeg, ca. 40 km westlich von Keszthely) großen wie kleinen Besuchern viel

Fein ausstaffiert oder nicht – für Kinder gibt's hier viel zu erleben

Wasserspaß (Wellenbad, Sprung-, Baby- und Kinderpool). *Mai–Okt. tgl. 9–19 Uhr, Kinder ganzer Tag 770 Ft., Karte halber Tag (über 12 Jahre) 2770 Ft., www.aquacity.hu*

Büffelreservat **[122 C3]**
Wasserbüffel, sogar zum Anfassen nahe, sind das besondere Erlebnis im neu gestalteten Büffelreservat *(Bivaly-Reservat)*. Hier haben die früher in Ungarn heimischen Tiere eine Überlebenschance. *Im Sommer tgl. 10–15 Uhr, Eintritt Kinder 300 Ft., Erw. 500 Ft., Kápolnápuszta, 6 km nordöstlich von Zalakomár*

Puppenmuseum **[122 C2]**
Es gibt ein Volkstrachten-Puppenmuseum mit 73 Porzellanpuppen, das Schneckenparlament – ein Nachbau des Parlaments in Budapest aus 4,5 Mio. Schneckenhäuschen –, 50 Wachsfiguren und ein Foltermuseum. *Tgl. 10–17 Uhr, Eintritt Puppenmuseum Kinder 200 Ft., Erw. 300 Ft., Bakacs/Ecke Kossuth utca, Keszthely*

Naturschutzmeierei Salföld **[123 D2]**
In der Meierei sind altungarische Graurinder, Zackelschafe, Mangalica-Schweine und knuffelige Komondor-Hirtenhunde zu sehen. Es werden auch Reitershows gezeigt sowie Ausritte und Kutschfahrten angeboten. *Mai–Sept. tgl. 9 bis 20 Uhr, Tel. 87/70 28 57 und 30/939 07 70, Eintritt Kinder bis 12 Jahre 150 Ft., Erw. 300 Ft., Salföld Major, in Salföld (7 km nordwestlich von Révfülöp am Balaton)*

Sternenburg (Csillagvár) **[123 D3]**
Eine prima Anlage in Balatonszentgyörgy. Draußen gibt's einen Streichelzoo mit Waschbär, Ziegen, Esel usw. Kinder können sich im Bogenschießen üben, während die Eltern in der Csárda sitzen. In der Burg sind 150 fesche Husarenfiguren zu sehen. *1. Mai–20. Okt. tgl. 10 bis 17 Uhr, Kinder 200 Ft., Erw. 300 Ft., im Ort ausgeschildert*

DONAUKNIE

Aquaréna-Wasserpark **[118 C5]** Insider Tipp
Vor den Toren Budapests, bei der Formel-1-Strecke Hungaroring, liegt dieser neue Erlebnispark, der jede Menge Action und Fun bietet. *Mai bis Sept. Mo–So 8.15–19 Uhr, Kinder 1300 Ft., Erw. 2500 Ft., www.aquarena.hu, mit der Vorortbahn HÉV ab Örs vezér tere/Endstation U-Bahn 2 Richtung Gödöllő, Station Mogyoród, von dort direkter Bus*

Kindereisenbahn (Gyermek Vasút) **[118 B5]**
Die Schmalspurbahn in Budapest fährt auf einer 11 km langen Waldstrecke von Hűvösvölgy (Endstation der Straßenbahn 56 vom Moszkva tér) über Jánoshegy zur Station am Széchenyi-Berg (nahe der Zahnradbahn). *15. März–23. Okt. Mo–Fr 10–18, Sa, So 9.45–18.15 Uhr, 24. Okt.–14. März Di–Fr 10–16, Sa bis Mo 10–18 Uhr*

Tropicarium Óceanárium **[118 B5]**
Der Mittelpunkt der Anlage in Budapest mit 1,6 Mio. l Meerwasser ist das Haifischbecken. Drumherum liegt ein exotisches Tierreich mit Rochen, Alligatoren, Leguanen und Krallenäffchen im Regenwald. *Tgl. 10–20 Uhr, Eintritt Kinder 4–14 Jahre 1000 Ft., Erw. 1700 Ft., www.tropicarium.hu, Nagytétényi út 37–45, Einkaufszentrum Campona*

Spielende Kinder in einer Fußgängerzone Budapests

Vidámpark **[U E2]**
Der nostalgische Vergnügungspark in Budapest hat als neueste Attraktion einen Dinosaurierpark. Das Schmuckstück der Anlage mit Looping-Schiffsschaukel, Riesenrad und Achterbahn ist ein Karussell aus dem 19. Jh. *April–Sept. tgl. 10 bis 20 Uhr, Eintritt Kinder bis 120 cm frei, Erw. 300 Ft., www.vidampark.hu, im Stadtwäldchen (Városliget), Állatkerti körút 14–16*

GROSSE TIEFEBENE

Aquapark & Strandbad Hajdúszoboszló **[120 B5]**
Zu der großen Anlage gehören das Strandbad mit einem künstlichen Meeresstrand sowie der tolle Aquapark mit Vierbahn-Multirutsche, Kamikaze- und einer Hydrorutsche, künstlichen Strömungen und Wasserfall. *Strandbad Kinder 800 Ft., Erw. 900 Ft., Tagesticket Aquapark Kinder 2000 Ft./2 Std., ab 16 Uhr 800 Ft., www.hajduszoboszlogyogyfurdo.hu, Szent István park utca 1–3, Hajdúszoboszló*

Spielzeugmuseum **[125 D2]**
In Kecskemét gibt es nicht nur wunderbares Spielzeug zu sehen. An Wochenenden ist auch die Werkstatt geöffnet (10–12.30 und 13–17 Uhr), dort dürfen Kinder basteln und werken. *Di–So 10 bis 12.30 und 13–17 Uhr, Eintritt Kinder 150 Ft., Erw. 300 Ft., Gáspár András utca 1, Kecskemét*

NORDUNGARN

Nostalgiebahn **[119 E2–3]**
Die Kleinbahn durch das zauberhafte Tal des Flüsschens Szalajka ist bei Kleinen wie Großen beliebt. In den Teichen und im Bach, der an der Endstation über viele Stufen abwärts plätschert, tummeln sich die Forellen. *Aug. und Sept., 1 Euro pro Fahrtstrecke, ab Szilvásvárad*

Angesagt!

Was Sie wissen sollten über Trends, die Szene und Kuriositäten in Ungarn

Bodykult

Bodybuilding hat Hochkonjunktur. Ungarns Männer, ohnehin ausgesprochen eitel, orientieren sich an starken Typen. Da stemmte Lászlo Fekete 2001 bei der Muskelmänner-Olympiade in Siófok eine 220 kg schwere Betonkugel. Wie er schuften Tausende für die idealen Muskelpakete.

Ungarn-Rock

Sie sind die angesagten Szenehits bei den ungarischen Jugendlichen: die Bands *Anima Sound System, Hiperkarma, Emil Rulez* und *Yonderboi.* Das Besondere an der Musik: Neben Rock und Trance schwingt ein eigener ungarischer Folkloresound mit.

Top-Disko-Clubs

Unter den ungarischen Städten ist Budapest die Clubstadt Nr. 1. Eine erste Adresse ist das *Bank.* Im Sommer zieht es aber auch viele in die Clubs im Urlaubsrevier Balaton. Der Diskohit am Balaton-Nordufer ist der *Dexion Dance Club* in Alsóőrs (am Strand), der Toptempel am Südufer das postmoderne *Palace* in Siófok.

Romantische Plätze

Fast wie in Paris: Für verliebte Ungarn ist Budapest ein Magnet. Die Lieblings-Schmuseplätze sind das Pester Donauufer zwischen Elisabeth- und Kettenbrücke, die Treppen des Nationaltheaters und die der Fischerbastei.

Folklore-Flirts

Traditionen stehen wieder hoch im Kurs. So nutzen junge Männer gerne den alten ungarischen Osterbrauch »Mädchen begießen«, um die Schönen ihrer Wahl auf sich aufmerksam zu machen. Sie ziehen vor allem in den kleineren Orten zu Familien mit Töchtern. Dort werden die Frauen mit Parfüm besprüht – damit sie aufblühen – und mit einem Gedicht beglückt.

Flotte Flitzer

Skateboarder, Rollerblader, Kickboarder: Der Roller-Trend hat nun auch Ungarn voll erreicht. Nicht gerade zur Freude der städtischen Ordnungshüter. So rollt man in Budapest vorwiegend auf der autofreien Margareteninsel. In der Provinz sind die Flitzer noch eine seltene und darum Eindruck schindende Spezies.

Von Anreise bis Zoll

Hier finden Sie kurz gefasst die wichtigsten Adressen und Informationen für Ihre Ungarnreise

ANREISE

Flugzeug

Direktverbindungen nach Budapest gibt es z. B. ab Berlin, Düsseldorf, Frankfurt, Hamburg, München, Stuttgart, Wien und Zürich. Die Zahl der Flugverbindungen zum Airport Budapest *(www.bud.hu)* ist deutlich gestiegen. Außer den nationalen Airlines wie Malév, Austrian und Lufthansa fliegen auch Billigflieger wie Easy Jet *(www.easyjet.com)*, Air Berlin *(www.airberlin.com)*, Germanwings *(www.germanwings.com)* und Wizz Air *(www.wizzair.com)* von/nach Budapest. Der Hauptflughafen ist Ferihegy 2 (15 km vom Zentrum) mit den beiden Terminals 2 A und 2 B. Ferihegy 1, der alte Flughafen der Stadt, wurde gerade renoviert. Es ist ratsam, sich zu erkundigen, welcher Flughafen bzw. Terminal von der gebuchten Airline angeflogen wird. Sehr viel günstiger als eine Taxifahrt in die Stadt (ca. 4000 Ft.) ist der Transport per Minibus *(Tel. 1/296 85 55)*. Dieser Busservice fährt zu jeder Adresse in der Stadt zu einem Preis von 2300 Ft. (hin und zurück 3900 Ft.). *Flugauskunft in Budapest: 1/296 70 00*

Regionalflughäfen werden in der Regel während der Sommersaison angeflogen. Der Balaton-Airport *(www.flybalaton.com)* bei Keszthely/Hévíz wird von mehreren Charterfluglinien angeflogen (z. B. Malév, Lufthansa City Line, Swiss Airlines). Abflugorte in Deutschland sind z. B. Frankfurt, Leipzig, Düsseldorf, Berlin und Stuttgart *(www.balatonair.de)*. Flugverbindungen gibt es auch nach Debrecen (*www.olt.de,* München – Debrecen). Die Strecke Wien – Pécs *(www.airport-pecs.hu)* fliegt Austrian Airlines *(www.aua.com)* im Sommer (Ende März–Okt.) viermal pro Woche.

Bahn

Die Bahnfahrten dauern recht lange: von Frankfurt/M. nach Budapest rund 10 Std., ab München ca. 8 Std., ab Wien etwa 3,5 Std. und ab Zürich 13,5 Std. Ankunfts- und Abfahrtsort der meisten internationalen Züge ist in Budapest der Ostbahnhof *(keleti pályaudvar)*. *Internationale Zugauskunft in Budapest: Tel. 1/461 55 00*

Bus

Es gibt eine Vielzahl von Busverbindungen nach Ungarn, z. B. ab Berlin, Frankfurt/M., Hamburg, München, Nürnberg, Stuttgart, Wien, Graz oder Salzburg. Auskunft (auch Ticketverkauf) in Budapest: am Internationalen Autobusbahnhof *(Népliget, Tel. 1/219 80 20)*. Busreiseveranstalter: *Deutsche Touring (DTG, Tel. 069/79 03 55, www.*

deutschetouring.de), Pannon Volán (Tel. in Deutschland 06122/ 912 40, www.sippeltravel.de) oder, auch ab Wien, *Munich Bus (www.munichbus.de).*

Auto

Von Deutschland führt die beste Strecke über Wien (Grenzübergang Nickelsdorf-Hegyeshalom) und die Autobahn M1 Richtung Győr.

AUSKUNFT

Ungarisches Tourismusamt

– Informationen zu allen Orten in Ungarn: *www.ungarn-tourismus.de, Tel. Deutschland 09001/86 42 76 (0,61 Cent/Min.); kostenlose Infohotline nach Ungarn: Tel. 00800/ 36 00 00 00*

– Wilhelmstr. 61, 10117 Berlin, Tel. 030/243 14 60, Fax 24 31 46 13, ungarn.info.berlin@t-online.de

– Lyoner Straße 44–48, 60528 Frankfurt/M., Tel. 069/928 84 60, Fax 92 88 46 13, ungarn.info.frankfurt@t-online.de

– Opernring 5/2. Stock, 1010 Wien, Tel. 01/585 20 12 10, Fax 585 20 12 21, www.ungarn-tourismus.at

– Hegibachplatz/Minervastrasse 149, 8032 Zürich, Tel. 043/ 818 51 13, Fax 818 51 14, www.ungarn-tourismus.ch

– Die staatliche Touristeninformation *Tourinform (www.tourinform.hu)* gibt es in nahezu allen touristisch wichtigen Orten Ungarns. Daneben bieten auch private Dienstleister ihren Service an.

AUTO

Die ungarischen Verkehrsregeln – dazu zählt auch die Anschnallpflicht – entsprechen weitgehend denen in den anderen europäischen Staaten. Es besteht absolutes Alkoholverbot (null Promille). Außerhalb von Ortschaften muss auch tagsüber mit Abblendlicht gefahren werden. In Kurven, an Bahnübergängen und auf Kreuzungen ist das Überholen verboten. Telefonieren ist nur mit Freisprechanlage erlaubt. Für Pkw beträgt die Höchstgeschwindigkeit in Ortschaften 50, auf Landstraßen 90 und auf Autobahnen 130 km/h. Bahnübergänge dürfen nur mit Tempo 30 überquert werden. Sicherheitswesten sind mitzuführen (für jeden Sitzplatz im Auto).

Wer in Ungarn mit dem Auto unterwegs ist, sollte ständig auf Überraschungen eingestellt sein, vor allem bei Fahrten auf Landstraßen. Viele Radfahrer sind im Dunkeln ohne Licht unterwegs, und es kommt auch nicht selten vor, dass Autos in einer Kurve stehen und die Fahrer ein Schwätzchen halten. Und Autos, die eine Panne haben, sind nur selten mit einem Warndreieck gesichert.

Eine grüne Versicherungskarte erleichtert bei einem Unfall die Abwicklung der Formalitäten. Bei einem Unfall mit Verletzten muss die Polizei gerufen werden. Verursacht ein ausländisches Fahrzeug den Unfall, ist die internationale Versicherung *Hungária Biztosító (Tel. 1/ 421 14 21, Mo–Fr 8–20 Uhr)* in Budapest zu informieren.

Autobahngebühren

Ungarns Autobahnen sind vignettenpflichtig. Der Preis richtet sich nach der Gültigkeitsdauer und der Fahrzeugklasse. Die entsprechenden Aufkleber sind bei den Zahlstellen der Autobahnen, an den Grenzstationen und an Tankstellen in Autobahnnähe erhältlich.

Pannenhilfe

Der Notruf des Ungarischen Autoklubs *(Gelbe Engel/Sárga angyal):* ist landesweit unter *Tel. 188* erreichbar.

Internationale Notdienstzentrale: *Tel. 1/345 17 44*

Notruf für Mitglieder des ADAC/ÖAMTC: *Tel. 1/345 17 17 (Mitte Juni–Mitte Sept. 8–20 Uhr)*

BANKEN & GELD

Das größte Filialnetz hat die Landessparkasse OTP (Országos Takarékpénztár), meist Mo–Do 8–17 und Fr 8–13 Uhr geöffnet.

Was kostet wie viel?

Kaffee – **70 Cent** für eine Tasse Kaffee

Eis – **30 Cent** für eine Kugel Eis

Wein – **90 Cent** für ein Glas Wein

Langos – **80 Cent** für eine Portion Langos

Benzin – **1,10 Euro** für einen Liter Normalbenzin

Salami – **15 Euro** für 1 kg Pick-Salami

CAMPING

Die Campingplätze sind in drei Kategorien eingeteilt und entsprechend mit Sternen bewertet. Wild campen darf man nirgendwo in Ungarn. Der Übernachtungspreis pro Tag und Person liegt in der Hauptsaison auf einem guten Platz bei etwa 6 Euro (60 m^2-Parzelle ca. 12 Euro). Öffnungszeiten: meist Mai–Anfang/Mitte September.

Auskunft: *Magyar Camping Club, 2030 Érd, Kövirózsa utca 10/3, Tel. 23/37 41 00, www.camping.hu*

DIPLOMATISCHE VERTRETUNGEN

Botschaft und Konsulat der Bundesrepublik Deutschland

Úri utca 64–66, Budapest, Tel. 1/488 35 00, Fax 488 35 05, Notruf 06/30/924 17 67, www.deutsche botschaft-budapest.hu, Mo–Fr 8 bis 16.30 Uhr, Pass- und Visastelle Mo bis Fr 9–12 Uhr

Botschaft und Konsulat der Republik Österreich

Benczúr utca 16, Budapest, Tel. 1/351 67 00, Fax 352 87 95, www.austrian-embassy.hu, Mo–Fr 9 bis 12 Uhr (Konsulat) bzw. 9–11 Uhr (Botschaft)

Botschaft und Konsulat der Schweiz

Stefánia út 107, Budapest, Tel. 1/460 70 40, Fax 384 94 92, vertretung@bud.rep.admin.ch, Mo bis Fr 10–12 Uhr

EINREISE

Für einen Aufenthalt bis zu drei Monaten genügt für Deutsche, Österreicher und Schweizer ein gültiger Personalausweis oder Reisepass.

www.marcopolo.de

Im Internet auf Reisen gehen

Mit über 10 000 Tipps zu den beliebtesten Reisezielen ist MARCO POLO auch im Internet vertreten. Sie wollen nach Paris, auf die Kanaren oder ins australische Outback? Per Mausklick erfahren Sie unter www.marcopolo.de Wissenswertes über Ihr Reiseziel. Zusätzlich zu den Informationen aus den Reiseführern bieten wir Ihnen online:

- das *Reise Journal* mit aktuellen News, Artikeln, Reportagen
- den *Reise Service* mit Routenplaner, Währungsrechner und Compact Guides
- den *Reise Markt* mit Angeboten unserer Partner rund um das Thema Urlaub

Es lohnt sich vorbeizuschauen: Wöchentlich aktualisiert, gibt es immer wieder Neues zu entdecken. Bleiben Sie auf dem Laufenden mit unserem E-Mail-Newsletter, den Sie kostenlos abonnieren können!

GESUNDHEIT

Erste Hilfe ist für Ausländer kostenlos. Was vor Reiseantritt zu regeln ist, erfahren Sie bei Ihrer Krankenkasse.

INTERNET

Das Internet ist in Ungarn gut verbreitet. Allgemeine Informationen bietet das Ungarische Tourismusamt unter *www.ungarn-tourismus.de*, *www.ungarn-tourismus.at*, *www.ungarn-tourismus.ch*, *www.hungary.com*, *www.budapestinfo.hu*, *www.thermaltourism.hu*, *www.nordtur.hu* (Nordungarn), *www.tisza-to-info.hu*, *www.pusztaregion.hu*, *www.sudtransdanubien.hu* (Südungarn).

Unter *www.travelport.hu* laufen der Hotelführer *(www.hotels.hu)* und der Restaurantführer *(www.restaurantguide.hu)*.

INTERNETCAFÉS

Budapest: *Ami, Váci utca 40;* Debrecen: *Datanet-Café, Kossuth utca 8,* Pécs: *Matrix, Király utca 15;* Szeged: *Café Matrix, Kárász utca 5,* und *Cyber Arena, Híd utca/Ecke Ferenc utca;* Kecskemét: *Piramis, Csányi utca 1–3 (im Einkaufszentrum);* Siófok: *Bázis Café, Árpád utca 1 (bei McDonald's)*

KLIMA

Ungarn ist durch seine Lage im Karpatenbecken vor extremer kontinentaler Witterung geschützt. Der Wind ist überwiegend schwach, es fällt wenig Niederschlag. Die Sommer sind warm bis heiß, die Winter kalt und klar. Schmuddelwetter ist selten. Der Balaton hält mit über 2000 Sonnenstunden im Jahr sogar einen Spitzenplatz in Mitteleuropa.

MIETWAGEN

Mietwagenunternehmen gibt es in allen größeren Orten. Preisbeispiel: Tagespauschalpreis ab ca. 35 Euro bei *Fox Autorent (zentrale Reservierung Budapest Tel. 1/382 90 00, Fax 382 90 03, www.fox-autorent.com)*. *Avis* ist in Budapest am Flughafen *(Tel. 1/296 64 21, www.avis.de)* sowie in Szekesféhervár, Győr, Szombathely, Sopron und Veszprém vertreten. Weitere Angebote für Autovermietungen finden Sie unter *www.marcopolo.de*.

NOTRUF

Rettungsdienst *(mentők): Tel. 104*
Feuerwehr *(tűzoltók): Tel. 105*
Polizei *(rendőrség): Tel. 107*
Magyar Autóklub (Gelbe Engel): *Tel. 188*

Die Polizei hat einen »Heißen Draht« eingerichtet, um bei Verständigungsschwierigkeiten mit den lokalen Ordnungshütern zu helfen (u. a. Deutsch und Englisch). *Tel. 1/438 80 80, tgl. 8–20 Uhr*

ÖFFNUNGSZEITEN & EINTRITTSPREISE

Auf Öffnungszeiten und auch auf Preisangaben ist in Ungarn recht wenig Verlass. Sie werden oft sehr kurzfristig festgelegt und auch geändert. Bei den Öffnungszeiten gilt das auch für den Saisonzeitraum. Am Balaton dauert die Saison üblicherweise von Pfingsten bis Anfang September, im Donauknie und in den Nationalparks der Tiefebene zumeist bis Ende Oktober. Ist das Besucheraufkommen gering, wird geschlossen. Das gilt für Museen, aber auch für zahlreiche Restaurants, Hotels und Pensionen, vor allem in kleineren Orten.

POST

Postämter sind meist Mo–Fr 8 bis 18 Uhr und Sa 8–13 Uhr geöffnet.

PREISE & WÄHRUNG

Das Zahlungsmittel in Ungarn ist der Forint (HUF, Ft.). Trotz der alljährlich deutlichen Preissteigerungen ist Ungarn noch immer ein relativ günstiges Reiseland. Das Preisgefälle zwischen Budapest und der Haupttourismusregion Balaton auf der einen und den weniger touristischen Regionen auf der anderen Seite ist jedoch beträchtlich.

SERVICEGEBÜHR

Restaurants (Imbissstuben nicht) dürfen eine Servicegebühr von bis zu 15 Prozent erheben. Davon fließen 81 Prozent in die Rentenkasse, der Rest wird ans Personal ausgeschüttet.

STROM

Die Netzspannung beträgt 220 Volt Wechselstrom.

€	HUF	HUF	€
10	2520	1000	4,02
20	5041	2000	8,03
30	7561	3000	12,05
40	10082	4000	16,06
50	12603	5000	20,08
60	15123	6000	24,09
70	17644	7000	28,11
80	20164	8000	32,12
90	22685	9000	36,14

TELEFON & HANDY

Telefonkarten bekommt man in Postämtern, an Zeitungskiosken und in Tabakläden. Bei Inlandsgesprächen, die keine Ortsgespräche sind, muss vor der Vorwahl eine 06 gewählt werden (z. B. von Sopron nach Budapest 06, dann die Vorwahl 1 für Budapest, dann die Rufnummer). Per Handy sind Sie auch in Ungarn gut erreichbar. Sie können zwischen Vodafone, Pannon GSM und T-Mobile/Westel wählen. Landesvorwahlen: Deutschland 0049, Österreich 0043, Schweiz 0041, Ungarn 0036

TRINKGELD

In der Gastronomie ist ein Trinkgeld in Höhe von 10 bis 15 Prozent des Rechnungsbetrags üblich. Auch Frisöre bekommen ein Trinkgeld. Eine Garderobiere wird mit 100 Ft. bedacht, die Servicekraft an der Tankstelle mit 100 bis 200 Ft.

UNGARN CARD, BUDAPEST CARD, BALATON CARD

Die Karten (erhältlich an Tankstellen, in größeren Bahnhöfen, Hotels, in Reisebüros und in den Tourinform-Büros) bieten vielfältige Preisvorteile. Die *Ungarn Card (www.hungarycard.hu)* kostet 8400 Ft. Die *Budapest Card (www.budapestinfo.hu)* gibt es mit einer Gültigkeitsdauer von 48 Std. (4700 Ft.) oder 72 Std. (5900 Ft), die *Balaton Card (www.balatoncard.com)* für 4 oder 10 Tage bzw. als Familienkarte (ab 1500 Ft.).

ZOLL

Zollkontrollen finden nicht mehr statt. Waren für den persönlichen Verbrauch können in Mengen, wie sie in der EU erlaubt sind, ein- und ausgeführt werden, z. B. 10 l Spirituosen und 90 l Wein. Bei Zigaretten gelten noch Beschränkungen (max. 200 Stück). *www.zoll-d.de*

Wetter in Budapest

	Jan.	Feb.	März	April	Mai	Juni	Juli	Aug.	Sept.	Okt.	Nov.	Dez.
Tagestemperaturen in °C	2	4	11	17	22	26	28	27	23	16	8	3
Nachttemperaturen in °C	–3	–2	2	6	11	14	16	15	12	7	3	–1
Sonnenschein Std./Tag	2	3	4	6	8	8	9	9	7	5	2	1
Niederschlag Tage/Monat	8	7	7	7	9	8	7	6	6	8	9	9

Beszélsz magyarul?

»Sprichst du Ungarisch?«
Dieser Sprachführer hilft Ihnen, die wichtigsten Wörter und Sätze auf Ungarisch zu sagen

Zur Erleichterung der Aussprache sind alle ungarischen Wörter mit einer einfachen Aussprache (in eckigen Klammern) versehen.

AUF EINEN BLICK

Ja./Nein.	Igen. [igän]/Nem. [näm]
Vielleicht.	Talán. [tollahn]
Bitte.	Kérem. [kehräm]
Danke.	Köszönöm. [kössönöm]
Gern geschehen.	Szívesen. [ssihwäschän]
Entschuldigung!	Bocsánat! [botschahnott]
Wie bitte?	Tessék? [täschschehk]
Ich verstehe Sie nicht.	Nem értem. [näm ehrtäm]
Ich spreche kein Ungarisch.	Nem beszélek magyarul. [näm bässehläk madjarul]
Sprechen Sie …	Beszél … [bässehl]
… Deutsch?	… németül? [nemätül]
… Englisch?	… angolul? [ongolul]
Schreiben Sie es mir bitte auf!	Kérem írja fel! [kehräm ihrjo fäl]
Können Sie mir bitte helfen?	Tudna nekem segíteni kérem? [tudno näkäm schägihtäni kehräm]
Ich möchte …	Szeretnék … [ssärätnehk …]
Das gefällt mir (nicht).	Ez (nem) tetszik. [äs (näm) täzzik]
Haben Sie …?	Van …? [wonn …]
Wie viel kostet es?	Mennyibe kerül? [männjibä kärül]
Wie viel Uhr ist es?	Hány óra (van)? [hahnj ohro (wonn)]

KENNENLERNEN

Guten Morgen!	Jó reggelt! [joh räggält]
Guten Tag!	Jó napot! [joh noppot]
Guten Abend!	Jó estét! [joh äschteht]
Grüß dich!/Grüß euch!	Szia!/Sziasztok! [ssio/ssiosstok]
Es freut mich, Sie kennen zu lernen.	Örülök, hogy megismerhetem. [örülök hodj mägischmärhätäm]

Wie geht es Ihnen/dir?	Hogy van/vagy? [hodj wonn/woddj]
Danke. Und Ihnen/dir?	Köszönöm. És Ön/te? [kössönöm ehsch ön/tä]
Auf Wiedersehen!	Viszontlátásra! [wissontlahtahschro]
Tschüss!	Szia!/Sziasztok! [ssio/ssiosstok]
Bis bald!/Bis später!	Viszlát! [wisslaht]

UNTERWEGS

Auskunft

links/rechts	balra [bollro]/jobbra [jobbro]
geradeaus	egyenes(en) [ädjänäsch(än)]
nah/weit	közel [kösäl]/messze [mässä]
Bitte, wo ist ...?	Hol van kérem a(z) ... ? [hol wonn kehräm o(s)]
Wie weit ist das?	Milyen messze van? [mijän mässä wonn]
Sie können den Bus nehmen.	Mehet busszal. [mähät bussoll]

Panne

Ich habe eine Panne.	Defektem van. [däfäktäm wonn]
Würden Sie mir bitte einen Abschleppwagen schicken?	Tudna nekem egy vontatókocsit küldeni? [tudno näkäm ädj wontottohkotschit küldäni]
Wo ist hier in der Nähe eine Werkstatt?	Hol van itt a közelben egy műhely? [hol wonn itt o kösälbän ädj mühhäj]

Tankstelle

Wo ist bitte die nächste Tankstelle?	Hol (van) a legközelebbi benzinkút? [hol (wonn) o läckösäläbbi bänsinkuht]
Ich möchte ... Liter ...	... liter ... kérek. [... litär ... kehräk]
Normalbenzin.	normálbenzint [norrmahlbänsint]
Super.	szupert [ssupärt]
Diesel.	dízelt [dihsält]
bleifrei.	ólommenteset [ohlommäntäschät]
mit ... Oktan.	... oktánszámút [oktahnssahmuht]
Voll tanken, bitte.	Tele kérem. [tälä kehräm]

Unfall

Hilfe!	Segítség! [schägihtschehg]
Achtung!	Figyelem! [fidjäläm]
Vorsicht!	Vigyázat! [widjahsott]
Rufen Sie bitte schnell ...	Hívjon gyorsan ... [hihwjon djorschonn]
... einen Krankenwagen.	... mentőt. [mäntöht]
... die Polizei.	... a rendőrséget. [o rändöhrschehgät]
... die Feuerwehr.	... a tűzoltókat. [o tühsoltohkott]
Es war meine Schuld.	Én vagyok a hibás. [ehn woddjok o hibahsch]

Es war Ihre Schuld.	Ön a hibás. [ön o hibahsch]
Geben Sie mir bitte Ihren Namen und Ihre Anschrift!	Adja meg kérem a nevét és a címét. [oddjo mäg kehräm o näweht ehsch o zihmeht]

Essen/Unterhaltung

Wo gibt es hier ...	Hol van itt ... [hol wonn itt]
... ein gutes Restaurant?	... egy jó étterem? [ädj joh ehttäräm]
... ein nicht zu teures ... Restaurant?	... egy nem túl drága étterem? [ädj näm tuhl drahgo ehttäräm]
Gibt es hier eine ruhige gemütliche Kneipe?	Van itt valahol egy nyugodt, hangulatos kocsma? [wonn itt wollohol ädj njugott honngulottosch kotschmo]
Reservieren Sie uns bitte für heute Abend einen Tisch für vier Personen.	Foglaljon kérem nekünk ma estére egy asztalt négy személyre. [foglaljon kehräm näkünk mo äschtehrä ädj osstollt nehdj ssämehjrä]
Bitte bringen Sie uns ...	Kérem hozzon nekünk ... [kehräm hosson näkünk]
... Gabel	... villa [willo]
... Löffel	... kanál [konnahl]
... Messer	... kés [kehsch]
Auf Ihr Wohl!	Egészségére! [ägehschschehgehrä]
Bezahlen, bitte.	Fizetek, kérem. [fisätäk kehräm]
Bitte alles zusammen.	Kérem az egészet egybe számolni. [kehräm os ägehssät ädjbä ssahmolni]
Getrennte Rechnungen, bitte.	Külön számlát kérünk. [külön ssahmlaht kehrünk]
Hat es geschmeckt?	Ízlett? [ihslätt]
Das Essen war ausgezeichnet.	Az étel kitűnő volt. [os ehtäl kitühnöh wolt]

Übernachtung

Können Sie mir bitte ... empfehlen?	Tudna ajánlani egy ... [tudno ojjahnlonni ädj]
... ein gutes Hotel ...	... jó szállodát? [joh ssahllodaht]
... eine Pension ...	... panziót? [ponnsioht]
Haben Sie noch Zimmer frei?	Van még szabad szobájuk? [wonn mehg ssobbodd ssobahjuk]
ein Einzelzimmer	egy egyágyas szobát [ädj äddjahdjosch ssobaht]
ein Zweibettzimmer	egy kétágyas szobát [ädj kehtahdjosch ssobaht]
mit Bad	fürdőszobával [fürdöhssobahwoll]
für eine Nacht	egy éjszakára [ädj ehjssockahro]
für eine Woche	egy hétre [ädj hehträ]

Was kostet das Zimmer mit …
… Frühstück?
… Halbpension?

Mennyibe kerül a szoba … [männjibä kärül o ssobo]
… reggelivel? [räggäliwäl]
… félpanzióval? [fehlponnsiohwoll]

PRAKTISCHE INFORMATIONEN

Arzt

Können Sie mir einen guten Arzt empfehlen?
Tud nekem egy jó orvost ajánlani? [tud näkäm ädj joh orwoscht ojjahnlonni]

Ich habe hier Schmerzen.
Itt fáj. [itt fahj]

Bank

Wo ist hier bitte eine Bank?
Hol van itt kérem egy bank? [hol wonn itt kehräm ädj bonnk]

Ich möchte … Euro (Schweizer Franken) in Forint wechseln.
Szeretnék … euro (svájci frankot) forintra átváltani. [ssärätnehk … äuro (schwahjzi fronnkot) forintro ahtwahltonni]

Post

Was kostet …
… ein Brief …
… eine Postkarte …
… nach Deutschland?
Briefmarke

Mibe kerül … [mibä kärül]
… egy levél … [ädj läwehl]
… egy levelezőlap … [ädj läwäläsöhlopp]
… Németországba? [nehmätorssahgbo]
bélyeg [behjäg]

ZAHLEN

0 nulla [nullo]
1 egy [äddj/ädj]
2 kettő/két [kättöh/keht]
3 három [hahrom]
4 négy [nehdj]
5 öt [öt]
6 hat [hott]
7 hét [heht]
8 nyolc [njolz]
9 kilenc [kilänz]
10 tíz [tihs]
11 tizenegy [tisänädj]
12 tizenkettő/tizenkét [tisänkättöh/tisänkeht]
13 tizenhárom [tisänhahrom]
14 tizennégy [tisännehdj]
15 tizenöt [tisänöt]
16 tizenhat [tisänhott]
17 tizenhét [tisänheht]
18 tizennyolc [tisännjolz]
19 tizenkilenc [tisänkilänz]
20 húsz [huhss]
21 huszonegy [hussonädj]
22 huszonkettő/huszonkét [hussonkättöh/hussonkeht]
30 harminc [horrminz]
40 negyven [nädjwän]
50 ötven [ötwän]
60 hatvan [hottwonn]
70 hetven [hätwän]
80 nyolcvan [njolzwonn]
90 kilencven [kilänzwän]
100 száz [ssahs]
101 százegy [ssahsädj]
1 000 ezer [äsär]
10 000 tízezer [tihsäsär]
1/2 fél [fehl]
1/4 (egy) negyed [(ädj) nädjäd]

Reiseatlas Ungarn

Die Seiteneinteilung für den Reiseatlas finden Sie auf dem hinteren Umschlag dieses Reiseführers

Kartenlegende Reiseatlas

18 26	Autobahn mit Anschlussstellen Motorway with junctions
	Autobahn in Bau Motorway under construction
	Mautstelle Toll station
	Raststätte mit Übernachtung Roadside restaurant and hotel
	Raststätte Roadside restaurant
	Tankstelle Filling-station
	Autobahnähnliche Schnellstraße mit Anschlussstelle Dual carriage-way with motorway characteristics with junction
	Fernverkehrsstraße Trunk road
	Durchgangsstraße Thoroughfare
	Wichtige Hauptstraße Important main road
	Hauptstraße Main road
	Nebenstraße Secondary road
	Fernverkehrsbahn Main line railway
	Autozug-Terminal Car-loading terminal
	Bergbahn Mountain railway
	Kabinenschwebebahn Aerial cableway
	Sessellift Chair-lift
	Eisenbahnfähre Railway ferry
	Autofähre Car ferry
	Schifffahrtslinie Shipping route
	Landschaftlich besonders schöne Strecke Route with beautiful scenery
Alleenstr.	Touristenstraße Tourist route
XI-V	Wintersperre Closure in winter
	Straße für Kfz gesperrt Road closed to motor traffic
8%	Bedeutende Steigungen Important gradients
	Für Wohnwagen nicht empfehlenswert Not recommended for caravans
	Für Wohnwagen gesperrt Closed for caravans
Kósciol farny	Sehenswürdigkeit Object of interest
	Badestrand Bathing beach
	Besonders schöner Ausblick Important panoramic view
	Ausflüge & Touren Excursions & tours
	Nationalpark, Naturpark National park, nature park
	Sperrgebiet Prohibited area
	Kirche Church
	Moschee Mosque
	Kloster Monastery
	Schloss, Burg Palace, castle
	Ruinen Ruins
	Leuchtturm Lighthouse
	Turm Tower
	Höhle Cave
	Ausgrabungsstätte Archaeological excavation
	Feriendorf Tourist colony
M	Motel Motel
	Jugendherberge Youth hostel
	Allein stehendes Hotel Isolated hotel
	Berghütte Refuge
	Campingplatz Camping site
	Flughafen Airport
	Flugplatz Airfield
	Staatsgrenze National boundary
	Verwaltungsgrenze Administrative boundary
	Grenzkontrollstelle Check-point
	Grenzkontrollstelle mit Beschränkung Check-point with restrictions
PARIS	Hauptstadt Capital
MARSEILLE	Verwaltungssitz Seat of the administration

A
B
C
WIEN
BRATISLAVA
Schwechat
Groß-Enzersdorf
Leopoldsdorf i. Marchf.
Lassee
Haringsee
Engelhartstetten
Devínska N. Ves
Lamač
RAČA
Senecký
Slovenský Senec
Bernolákovo
Nationalpark Donau-Auen
Eckartsau
Orth a. d. D.
Petronell
Carnuntum
Devín
Hrad
Dóm
Most pri Brat.
Stvrtok na Ostrove
Kittsee
Fischamend Markt
Himberg
Schwadorf
Achau
Schloss Laxenburg
Knoten Guntramsdorf
Götzendorf a. d. Leitha
Reisenberg
Bruck a. d. Leitha
Kaiserssteinbruch
Gattendorf
Deutsch Jahrndorf
Rusovce
Hamuliakovo
Rajka
Šamorín
ÖSTERREICH
Ebreichsdf.
Hof a. Leithageb.
Mannersdf. a. Leithageb.
Winden a. S.
Parndorf
Zurndorf
Nickelsdf.
Hegyeshalom
Bezenye
Dunasziget
Pottendorf
Leitha
Leithageb.
Neusiedl am See
Parndorfer Heide
Halbturn
Mosonmagyaróvár
Stotzing
Hornstein
Müllerdorf
Eben-furth
Schützen am Geb.
Purbach a. N. S.
Donnerskirchen
Neusiedler See
Mönchhof
Podersdorf am See
Fertő-tól Neusiedlersee
Frauenkirchen
Mosonszolnok
Darnózseli
Várkastély
Kimle
Eisenstadt
Pöttsching
St. Margarethen im Burgenl.
Rust
Seewinkel
Jánossomorja
Wiesen
Zemendorf
Mattersburg
Mörbisch a. S.
Illmitz
Andau
Lébény
Fertőrákos
Nationalp. Neusiedler See Seewinkel
Wallern i. Burgenl.
Fertő-Hanság N.P.
Bősárkány
Pamhagen
Sopron
Agfalva
Brennbergbánya
Sieggraben
Balf
Fertő-Hanság N.P.
Fertőhomok
Esterházy kastély
Fertőd
Hanság
Osli
Kapuvár
Farád
Csorna
Enese
Kóny
Weppersdorf
Deutschkreuz
Nagycenk
Ikva
Fertőszentmiklós
Szárföld
Bogyoszló
Bágyogszovát
Szilsárkány
Landsee
Burgenland
Draßmarkt
Neutal
Großwarasdf.
Nikitsch
Sopronkövesd
Csapod
Himod
Mihályi
Egyed
Oberpullendf.
Kroat. Geresdf.
Lövő
Cirák
Szil
Szany
Pilgersdorf
Rabnitz
Steinberg a.d. Rabnitz
Iván
Beled
Vág
Marcaltő
Lockenhaus
Répcevis
Csepreg
Horvátzsidány
Simaság
Répcelak
Kemenesszentpéter
Bük
Bükfürdő
Kőszeg
Jurisics-vár
Tompaládony
Uraiújfalu
Kenyeri
Kemeneshőgyész
Nagyacsád
Rechnitz
Acsád
Répce
Ostffyasszonyfa
Vassurány
Szeleste
Rába
Vönöck
Kemenessömjén
Mersevát
Nemesszalók
Vasi múzeumfalu
Vát
Sárvár
Hegyközség
Celldömölk
Großpetersdorf
Iseum
Arborétum
Gyöngyös
Sitke
Mesteri
Adorjánháza
Nagyalásony
Burg
Szombathely
Vép
Tanakajd
Nádasdy-vár
Ikervár
Izsákfa
Kotezicken
Csempeszkopács
Nyőgér
Kodó
Borgáta
Kerta
Pornóapáti
Somló 433
Punitz
Ják
Sorokpolány
Jánosháza
Szent György Templom
Winten
Rum
Kám
Devecser
Egyházasrádóc
Alsóújlak
Hosszúpereszteg
Keléd
Güssing
Strem
Nagykölked
Vasvár
Mikosszéplak
Ukk
Káptalanfa
Körmend
Csabrendek
Rönök
Petőmihályfa
Zalabér
Türje
Nádasd
Tekenye
Sümeg
Csákánydoroszló
Zalaszentgrót
Zalaudvarnok
Őrség
Zalaháshágy
Hagyárosbőrönd
Egervár
Zalaszentiván
Pókaszepetk
Tátika
Zalaszántó
Bagod
Zalakoppány
Zalaszentlászló
Várvölgy
Szalafő
Hodos
Őriszentpéter
Zala
Zalalövő
Göcseji skanzen
Zalaegerszeg
Meleghegy
10 km
Bajánsenye
Kerkafalva
Göcsej
Dobronhegy
TV-torony
Gellénháza
Nagykapornak
Zalacsány
Hévíz
Hévíz-tó
Gyógyfürdő
Keszthely
Vonyarcvashegy
122

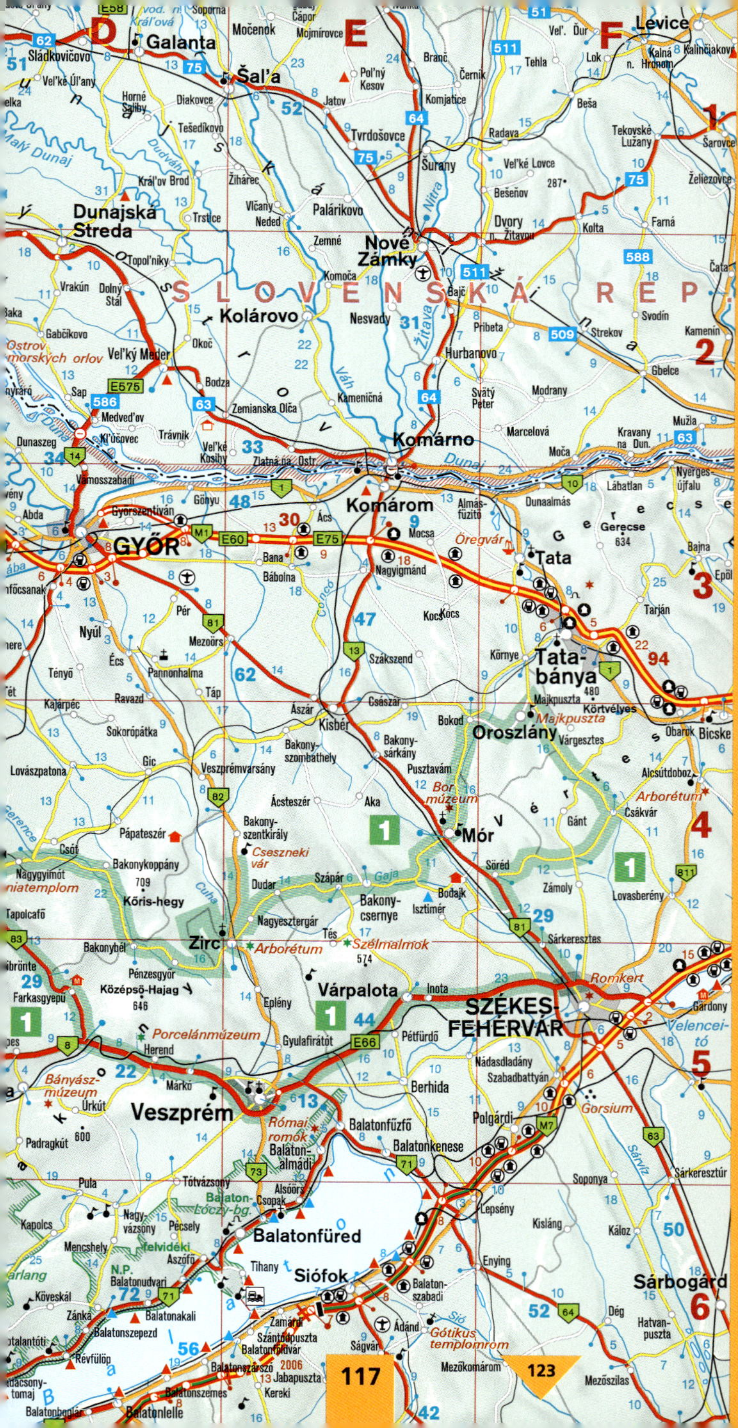
D
E
F
1
2
3
4
5
6
Galanta
Sládkovičovo
Šaľa
Močenok
Levice
Nové Zámky
Dunajská Streda
Kolárovo
SLOVENSKÁ REP.
Veľký Meder
Ostrov morských orlov
Komárno
Komárom
GYŐR
Tata
Tatabánya
Oroszlány
Kisbér
Mór
Zirc
Várpalota
SZÉKESFEHÉRVÁR
Veszprém
Balatonfüred
Siófok
Sárbogárd
Hurbanovo
Šurany
Tvrdošovce
Palárikovo
Gerecse
Vértes
Bakony
Dunaj
Duna
Váh
Nitra
Žitava
Malý Dunaj
Velencei-tó
Balaton
Pannonhalma
Kőris-hegy
Cuha
Gaja
Sió
Bicske
Gárdony
Polgárdi
Balatonfűzfő
Balatonkenese
Balatonalmádi
Tihany
Zamárdi
Balatonlelle
Balatonboglár
Révfülöp
Herend
Pápateszér
Pér
Bábolna
Ács
Nyúl
Tényő
Ravazd
Sokorópátka
Gic
Lovászpatona
Veszprémvarsány
Bakonyszombathely
Ászár
Császár
Bokod
Pusztavám
Csákvár
Alcsútdoboz
Lovasberény
Zámoly
Söréd
Bodajk
Isztimér
Bakonycsernye
Szápár
Dudar
Nagyesztergár
Bakonybél
Pénzesgyőr
Eplény
Inota
Pétfürdő
Berhida
Nádasdladány
Szabadbattyán
Soponya
Lepsény
Enying
Kisláng
Káloz
Sárkeresztúr
Mezőkomárom
Mezőszilas
Ádánd
Ságvár
Balatonszabadi
Csopak
Alsóörs
Pécsely
Aszófő
Zánka
Köveskál
Mencshely
Kapolcs
Pula
Nagyvázsony
Tótvázsony
Márkó
Úrkút
Padragkút
Farkasgyepű
Csót
Bakonykoppány
Ácsteszér
Aka
Bakonyszentkirály
Csesznek vár
Arborétum
Szélmalmok
Római romok
Porcelánmúzeum
Bányászmúzeum
Bor múzeum
Öregvár
Majkpuszta
Romkert
Gorsium
Gótikus templomrom
Balaton-Lóczy-bg.
Felvidéki
N.P. Balatonudvari
Balatonakali
Balatonszepezd
Szántódpuszta
Balatonföldvár
Balatonszárszó
Jabapuszta
Kereki
Balatonszemes
Almásfüzitő
Dunaalmás
Lábatlan
Nyergesújfalu
Bajna
Epöl
Tarján
Környe
Kocs
Mocsa
Nagyigmánd
Bana
Győrszentiván
Gönyű
Vámosszabadi
Abda
Mezőörs
Táp
Kajárpéc
Écs
Szákszend
Bakonysárkány
Vértesboglár
Csákberény
Gánt
Sárkeresztes
Obarok
Körtvélyes
Gerecse 634
Tekovské Lužany
Želiezovce
Šarovce
Kalná n. Hronom
Kalinčiakovo
Veľ. Ďur
Tehla
Lok
Beša
Farná
Kolta
Dvory n. Žitavou
Bešeňov
Veľké Lovce
Radava
Komjatice
Čeŕnik
Branč
Jatov
Poľný Kesov
Mojmírovce
Čápor
Diakovce
Horné Saliby
Tešedíkovo
Veľké Úľany
Kráľov Brod
Žihárec
Vlčany
Neded
Trstice
Topoľníky
Vrakúň
Dolný Štál
Gabčíkovo
Okoč
Bodza
Zemianska Olča
Veľké Kosihy
Trávnik
Kľúčovec
Medveďov
Sap
Dunaszeg
Zemné
Komoča
Nesvady
Bajč
Pribeta
Svätý Peter
Modrany
Marcelová
Moča
Kravany na Dun.
Mužla
Gbelce
Strekov
Svodín
Kamenín
Čata
Zlatná na Ostr.
Kamenična
117
123

Zvolen
Zvolenská Slatina
Detva
Hriňová
Žiar n. Hr.
Šášovský hrad
Vígľašský zámok
Kľak
Bzenica
Revište
Hliník n. Hr.
Sklené Teplice
Kozelník
Bacúrov
Víglaš
Krivaň
Slatinské Lazy
Malá Lehota
Horné Hámre
Teplá
Stará Huta
Mýtna
Veľká Lehota
Nová Baňa
Žarnovica
Hodruša-Hámre
Štiavnické Bane
Banská Štiavnica
Skalka
882
Dobrá Niva
Budiná
Divín
Veľký Inovec
901
Sása
Javorie
1044
Hor. Tisovník
Zakázaný
Ábelová
Tomášov
Sitno
1009
Počúvadlo
Prenčov
Krupina
Senohrad
priestor
Halič
Pukanec
Hronsky Benadik
Tlmače
Bzovík
Šuľa
Lučenec
SLOVENSKÁ REP.
Bátovce
Jabloňovce
Hontianske Nemce
Litava
562
Dolná Strehová
333
Nový Tekov
Čerovo
Modrý Kameň
Pôtor
Levice
Žemberovce
Drienovo
Veľký Krtíš
Kalná n. Hronom
Kalinčiakovo
Mýtne Ludany
Dudince
Pláštovce
Opavská hora
577
Kosihovce
Veľké Straciny
Bušince
Nógrád
Demandice
Vinica
Nenince
Želovce
Forgách-kastély
Tekovské Lužany
Šarovce
Tupá
Šahy
Slovenské Ďarmoty
Szécsény
Veľký Pesek
Balassagyarmat
Želiezovce
Hont
Nagyoroszi
Farná
Kemence
Érsekvadkert
Nógrádsipek
Mohora
Hollókő
Mále Ludince
Bielovce
Duna-Ipoly N.P.
Herencsény
Vámosmikola
Csóványos
939
Diósjenő
Szlovák-Nemzetiségi-Kiállítás
Čata
Templom
Szanda
Svodín
Mále Kosihy
Nagybörzsöny
Rétság
Romhány
Becske
Kamenín
Salka
Letkés
Márianosztra
Szokolya
Nógrádkövesd
Bercel
Buják
SK
H
Gbelce
Kamenica n. Hron.
Burdov
388
Chľaba
Szendehely
Keszeg
Kastélyszálló
Vanyarc
Szirák
Verőce
Kastélyszálló
Muzla
Szob
Nagymaros
Penc
Kravany na Dun.
Štúrovo
Esztergom
Bazilika
Visegrád
Vác
Acsa
Lábatlan
Nyergesújfalu
Dunakanyar
Dömös
Tahitótfalu
Váchartyán
Kálló
Dorog
Tokod
Visegrádi-hegység
Leányfalu
Verseg
Gerecse
634
Sárisáp
Pilisszentkereszt
Szentendre
Arborétum
Galgamácsa
Pilis
757
Lom-h.
589
skanzen
Őrbottyán
Csolnok
Göd
Aszód
Bajna
Úny
Pilisvörösvár
Dunakeszi
Budai-hegység
Pomáz
Epöl
Budakalász
Tarján
Pilisesaba
Fót
Perbál
559
Solymár
Kutya-h.
Gödöllő
Budajenő
PESTHIDEGKÚT
Hungaroring
Csömör
Kerepes
Valkó
Zsámbék
Budakeszi
Aquincum
BUDAPEST
Isaszeg
Páty
Várhegy
Gellért-h.
235
RÁKOSLIGET
Pécel
Obarok
Bicske
Biatorbágy
Budaörs
RÁKOSKERESZTÚR
FERIHEGY
Maglód
Vértes
Etyek
Törökbálint
PESTSZENTIMRE
Vecsés
Sülysáp
Alcsútdoboz
Arborétum
Benta
Üllő
Gyömrő
Érd
Gyál
Gomba
Vál-víz
Szigetszentmiklós
Tordas
Urbárium
Dunaharaszti
Monor
Kajászó
Tököl
Százhalombatta
Lovasberény
Martonvásár
Alsónémedi
Ócsa
Csévharaszt
Baracska
Kápolnásnyék
Ercsi
Ráckevei-Duna
Albertirsa
Velence
Gárdony
Velencei-tó
Bugyi
Kiskunsági Nemzeti Park
Dánszentmiklós
Kiskunlacháza
Dabas
Ráckeve
Pusztaszabolcs
Seregélyes
Adony
Apaj
Örkény
10 km
124
Duna
Ipoly
Hron
Krupinica
Litava
Slatinka
Tisovník
Krivan
Žitava
E58
E77
E71
E73
E60
E75
M1
M3
M5
M6
M7

D
E
F
1
2
3
4
5
6
Kokava n. Rimavicou
Rimavská Baňa
Rimavica
Brádno
Ratková
Gombasecká jaskyňa
Silická kras
Jablonica
Silica
Plešivec
Aggteleki karszt
Aggteleki Nemzeti Park
Aggteleki N.P.
Torna-nádaska
Szin
Baradla-bg.
Domica
Jósvafő
Aggtelek
Szalonna
Festőház
Szendrő
Abod
Bódva
Málinec
Uhorské
Mládzovo
Poltár
Kalinovo
Ožďany
Dlhý vrch
Teplý Vrch
Veľký Blh
Licince
Gemerská Panica
Gemer
Tornaľa
Ragály
Rudabánya
Bátka
Rimavská Sobota
Slaná
Sajó
Kelemér
Tompa Múzeum
Felsőnyárád
Putnok
Izsófalva
Damak
Edelény
Pavlovce
Rimavská Seč
Rimava
Bánréve
Sajópüspöki
Vadna
Kazincbarcika
Sajószentpéter
Boldva
Fiľakovo
Hodejov
Rapovce
Pleš
Cerová vrchovina
Ózd
Hangony
Hajnáčka
Petrovce
Domaháza
Dédestapolcsány
Parasznya
Somoskőújfalu
Cered
Zabar
Arló
Csernely
Borsodnádasd
MISKOLC
Diósgyőri vár
Hámor
Ómassa
Lillafüred
Karancsság
Salgótarján
Ökör-h.
Szilvásvárad
Bálvány
Erdei Múz.
István-bg.
Bükkszentlászló
Miskolctapolca
Barlangfürdő
Kishartyán
Tarnalelesz
Bélapátfalva
Pes-kő
István-kő
Bükki Nemzeti Park
Solymossy-Ürményi-kastély
Mátraterenye
Nemti
Kisterenye
Pétervására
Szúcs
Szarvaskő
Felsőtárkány
Harsány
Bátonyterenye
Galyatető
Mátraderecske
Recsk
Siroki vár
Sirok
Egerbakta
Felnémet
Síkfőkút
Kács
Bogács
Vatta
Emőd
Kocsimúzeum
Pásztó
Zsivány-bg.
Parád
Bükkábrány
Tard
Bagolyirtás
Mátraháza
Kékes
Eger
Andornaktálya
Mezőkövesd
Mezőkeresztes
Mátrafüred
Verpelét
Feldebrő
Kerecsend
Maklár
Zsórifürdő
Matyó Múzeum
Gelej
Gyöngyöspata
Domoszló
Szűcsi
Gyöngyös
Aldebrő
Detk
Kápolna
Füzesabony
Borsodivánka
Lőrinci
Gyöngyös/Hort
Karácsond
Kál
Dormánd
Besenyőtelek
Hort
Adács
Nagyfüged
Tarnaméra
Vámosgyörk
Tenk
Laskó
Poroszló
Tiszafüred
Hatvan
Csány
Jászárokszállás
Heves
Kömlő
Sarud
Tisza-tó
Tarnaörs
Jászszentandrás
Tiszanána
Tiszaszőlős
Jászfényszaru
Jászság
Tarna
Galga
Jászberény
Jászapáti
Kisköre
Abádszalók
Jász Múzeum
Pély
Szentmártonkáta
Jászkisér
Tiszabura
Kunmadaras
Nagykáta
Tiszaroff
Kunhegyes
Tápióbicske
Jászalsószentgyörgy
Jászladány
Tápiógyörgye
Tápiószentmárton
Tápiószele
Kőtelek
Újszász
Besenyszög
Tápiószőlős
Dobapuszta
Zagyva
Tisza
Fegyvernek
Kenderes
Törökszentmiklós
Szolnok
Szajol
Abony
Kisújszállás
Cegléd
Kossuth-Múzeum
Szandaszőlős
Törtel
Kuncsorba
Túrkeve
125
E71
E60
M3
2005
2007

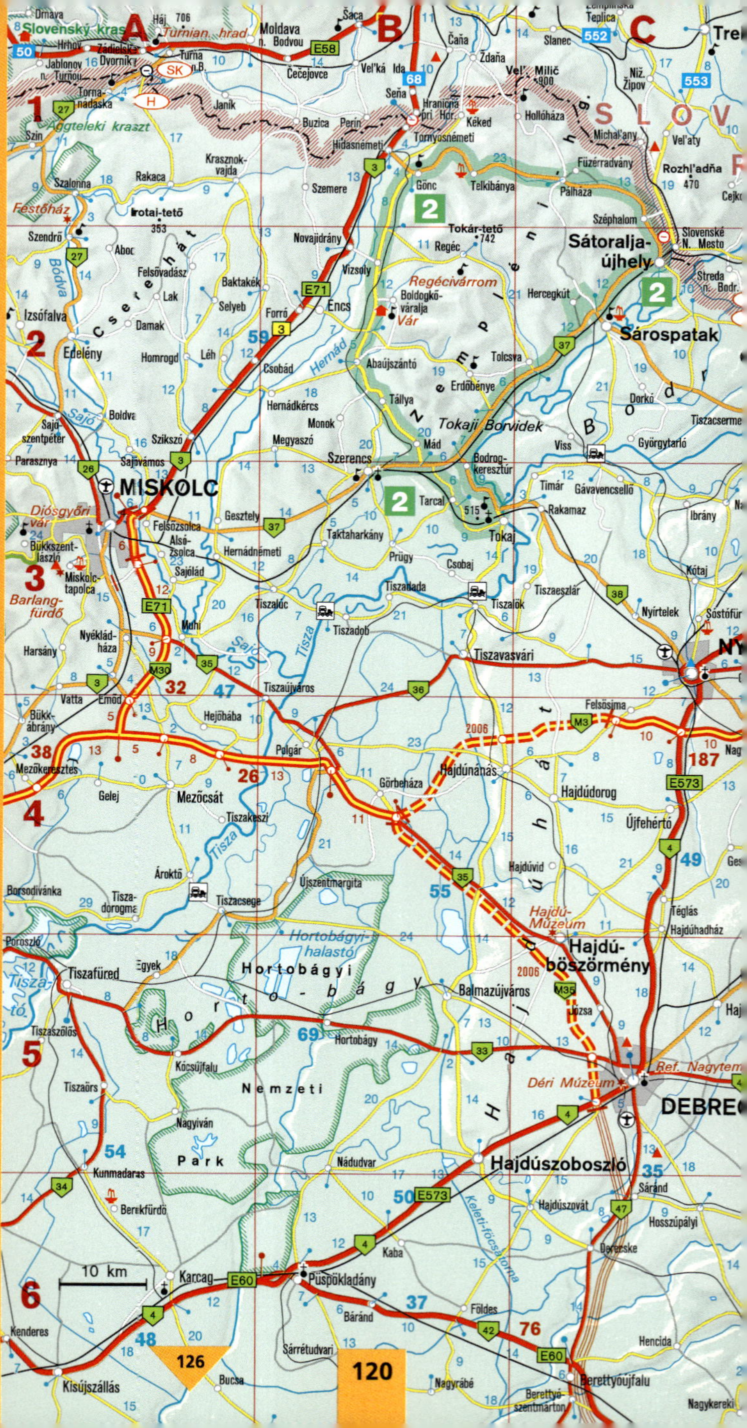
A
B
C
1
2
3
4
5
6
Slovenský kras
Turnian. hrad
Moldava n. Bodvou
Šaca
Čaňa
Slanec
Teplica
Trebišov
Hrhov
Zádielske Dvorníky
Jablonov n. Turňou
Turňa n.B.
SK
H
Torna-nádaska
Čečejovce
Veľ'ká Ida
Ždaňa
Veľ. Milič
Niž. Žipov
Hraničná pri Hor.
Košice
Seňa
Janík
Buzica
Perín
Hidasnémeti
Tornyosnémeti
Kéked
Hollóháza
Michal'any
Veľ'aty
S L O V
Aggteleki kraszt
Szin
Szalonna
Rakaca
Krasznok-vajda
Szemere
Gönc
Telkibánya
Füzérradvány
Pálháza
Rozhl'adňa
Festőház
Irotai-tető
Szendrő
Abod
Felsővadász
Novajidrány
Vizsoly
Tokár-tető
Regéc
Széphalom
Sátoralja-újhely
Slovenské N. Mesto
Streda n. Bodr.
Bódva
Cserehát
Lak
Baktakék
Selyeb
Encs
Regécivárrom
Boldogkő-váralja
Vár
Hercegkút
Sárospatak
Izsófalva
Edelény
Damak
Homrogd
Léh
Forró
Csobád
Hernád
Abaújszántó
Zemplén
Tolcsva
Erdőbénye
Dorkó
Bodrog
Tiszacserme
Boldva
Sajó
Sajó-szentpéter
Szikszó
Hernádkércs
Monok
Megyaszó
Tállya
Mád
Tokaji Borvidek
Viss
Györgytarló
Parasznya
Sajóvámos
MISKOLC
Szerencs
Bodrog-keresztúr
Tímár
Gávavencsellő
Diósgyőri vár
Bükkszent-lászló
Miskolc-tapolca
Barlang-fürdő
Felsőzsolca
Alsó-zsolca
Sajóláb
Gesztely
Hernádnémeti
Taktaharkány
Tarcal
Tokaj
Rakamaz
Ibrány
Prügy
Csobaj
Kótaj
Tiszaeszlár
Tiszadada
Tiszalök
Nyírtelek
Sóstófürdő
Nyékládháza
Harsány
Muhi
Tiszalúc
Tiszadob
Tisza
Tiszavasvári
NY
Vatta
Emőd
Bükk-ábrány
Hejőbába
Tiszaújváros
Felsősima
Mezőkeresztes
Gelej
Mezőcsát
Polgár
Görbeháza
Hajdúnánás
Hajdúdorog
Újfehértó
Tiszakeszi
Hajdúvid
Árokto
Újszentmargita
Borsodivánka
Tisza-dorogma
Tiszacsege
Hajdú-Múzeum
Téglás
Hajdúhadház
Poroszló
Hortobágyi-halastó
Hajdú-böszörmény
Tiszafüred
Egyek
Hortobágyi
Hortobágy
Balmazújváros
Tisza-tó
Józsa
Hajdúhát
Tiszaszőlős
Hortobágy
Kócsújfalu
Nemzeti
Park
Ref. Nagytemplom
Déri Múzeum
DEBRECEN
Tiszaörs
Nagyiván
Kunmadaras
Nádudvar
Hajdúszoboszló
Sáránd
Berekfürdő
Keleti-főcsatorna
Hajdúszovát
Hosszúpályi
Kaba
Derecske
10 km
Karcag
Püspökladány
Földes
Hencida
Kenderes
Báránd
Sárrétudvari
Berettyóújfalu
Kisújszállás
Bucsa
Nagyrábé
Berettyó-szentmárton
Nagykereki
2006
E58
E71
E573
E60
M3
M30
M35
126

D
E
F
UŽHOROD
Katedral'nyj sobor
Antonivka
Puznjakivci
Tur'a Bystra
Poljana
Sinjak
Holubyne
Svaljava
Palin
Budkovce
Vyš. Nemecké
Záhor
Pavlovce n. Uhom
Lekárovce
Šišlivci
Holmec
Vojany
Vel'ké Kapušany
Latorica
Strumkivka
Male Hejovce
Seredne
Bobovyšče
Verch. Vyznycja
Dibrivka
Rakošyn
Kol'čyne
Cynadijeve
Mukačeve
Babyči
Bol
Leles
Čierna
Čop
Záhony
Zsurk
Kráľovský Chlmec
Vel. Dobron'
Vel. Lučky
zamok Palanok
Zahattja
Strabyčove
Uzlove
Barkasove
Leskove
Dorobratove
Ardanove
Semjén
Zemplénagárd
Révleányvár
Ricse
Tuzsér
Lónya
Zvinkove
Serne Kan
Hat'
Makarove
Kamjanske
Sjel'ce
U K R A J I N A
Berehujfalu
Mándok
Tisza
Cigánd
Dombrád
Kisvárda
Mezőladány
Tiszaadony
Aranyosapáti
Kosini
Vel. Bihan'
Ivanivka
Vsesvjats'kyj kostel
Berehy
Šalanky
Vel. Kom'aty
Boržava
Berehove
Olešnyk
Anarcs
Gelénes
Puškine
Gemzse
Vásárosnamény
Gergelyiugornya
Csaroda
Tarpa
Vary
Nov. Selo
Vylok
Frančikove
Tiszabecs
Bobove
Nyírkarász
Nyírmada
Nagydobos
Panyola
Kisar
Szatmárcseke
Túr
Székely
Fülesd
Szatmar
Djakove
Vel. Palad
Cidreag
Baktalórántháza
Vaja
Várműzeum
Őr
Kraszna
Fehérgyarmat
Csaholc
Erdőhát
Zabolottja
NYÍREGYHÁZA
Csigar-h.
Apagy
Kántorjánosi
Mátészalka
Hodász
Kocsord
Győrtelek
Jánkmajtis
Rozsály
Micula
Bercu
Újszőlőskert
Máriapócs
Nyírgyulaj
Nyír-meggyes
Nyírkáta
Szamos
Porcsalma
Lazuri
Botiz
Odoreu
Templom
Kállósemjén
Nyírbátor
Nagyecsed
Tyukod
Csenger
Dorolţ
Vetiş
Nyírbogát
Mérk
Piricse
Berveni
SATU MARE (SATHMAR)
Doba
Sătmărel
Ambud
Hrip
Ömböly
Urziceni
Domănești
Foieni
Căpleni
Nyírlugos
Nyírbéltek
Nyíradony
Carei
Moftinu Mic
Moftinu Mare
Terebești
Viile Satu Mare
Ardud
Sanislău
Penészlek
Ghenci
Tiream
Craidorolţ
Petrești
Nyíracsád
Piscolt
Vezendiu
Mecenţiu
Căuaş
Crasna
Beltiug
Gerăuşa
Socond
Nyírábrány
Curtuișeni
R O M Â N I A
Cig
Aciş
Stâna
Santău
Valea lui Mihai
Andrid
Şimian
Săcășeni
Tășnad
Supuru de Jos
Racova
Sălacea
Pir
Tarcea
Becheni
Bagamér
Şilindru
Cehăluţ
Bogdand
Corund
Létavértes
L. Sălacea
Buduslău
Pâgaia
Viişoara
Dealurile Silvaniei
Chiesd
Albiș
Boianu Mare
Cehal
Bobota
Şărmășag
Olosig
Marghita
Zalnoc
Şamşud
Coșeiu
Săcueni
Măeriște
Diosig
Abrămuţ
Barcău
Balc
Camăr
Bocșa
Chișlaz
Carastelec
Guruslău
Sânnicolau
Tăuteu
Popești
Suplacu de Barcău
Ip
Şimleu Silvaniei
Roșiori
Ciuhoi
Sălard
Pericei
Vîrşolţ
Spinuș
Derna
Budoi
Marca
Sârbi
Nușfalău
Mortăuța
127

116

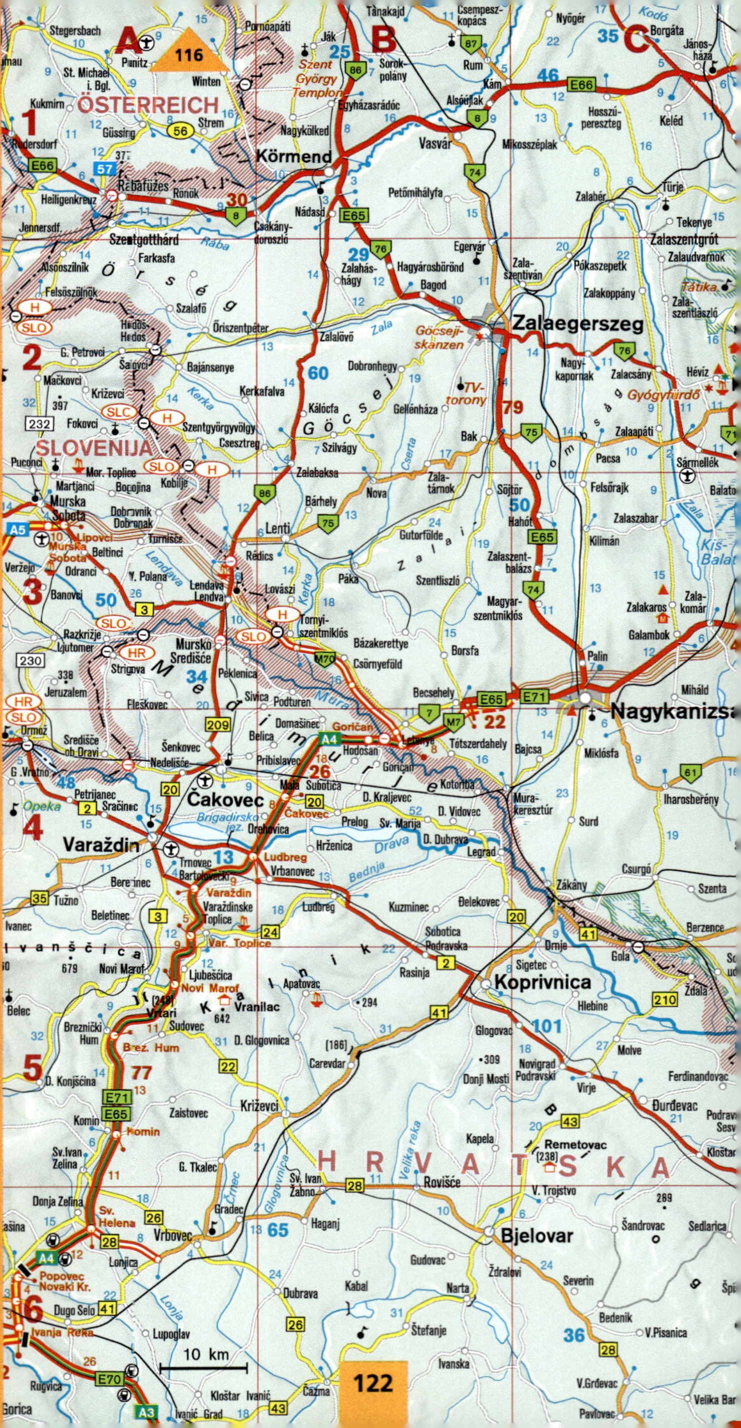
A
B
C
1
2
3
4
5
6
ÖSTERREICH
SLOVENIJA
HRVATSKA
Stegersbach
Punitz
Pornóapáti
Ják
Tanakajd
Csempesz-kopács
Nyögér
Kodó
Borgáta
Jánosháza
St. Michael i. Bgl.
Winten
Szent György Templom
Sorok-polány
Rum
Kám
Alsóújlak
Egyházasrádóc
Kukmirn
Strem
Güssing
Nagykölked
Körmend
Vasvár
Mikosszéplak
Hosszú-pereszteg
Keléd
Rohrersdorf
Heiligenkreuz
Rábafüzes
Rönök
Nádasd
Petőmihályfa
Zalabér
Türje
Tekenye
Jennersdf.
Szentgotthárd
Rába
Csákány-doroszló
Egervár
Zalaszentgrót
Zalaudvarnok
Alsószölnök
Farkasfa
Őrség
Zalahás-hágy
Hagyárosbörönd
Zala-szentiván
Pókaszepetk
Tátika
Felsőszölnök
Bagod
Zalakoppány
Zala-szentlászló
Szalafő
Zalaegerszeg
Hodoš
Őriszentpéter
Zalalövő
Zala
Göcseji skanzen
Nagy-kapornak
Zalacsány
Hévíz
G. Petrovci
Šalovci
Bajánsenye
Dobronhegy
TV-torony
Gyógyfürdő
Mačkovci
Kerka
Kerkafalva
Göcsej
Križevci
Kálócfa
Gellénháza
Fokovci
Szentgyörgyvölgy
Cseszreg
Szilvágy
Bak
Zalaapáti
Puconci
Mor. Toplice
Kobilje
Zalabaksa
Pacsa
Sármellék
Martjanci
Bogojina
Zala-tárnok
Söjtör
Felsőrajk
Balaton
Murska Sobota
Dobrovnik
Dobronak
Bárhely
Nova
Hahót
Zalaszabar
Lipovci
Turnišče
Lenti
Gutorfölde
Zalai
Kilimán
Kis-Balaton
Beltinci
Rédics
Zalaszent-balázs
Veržej
Odranci
V. Polana
Lendava
Lovászi
Páka
Szentliszló
Zalakaros
Zala-komár
Banovci
Lendva
Kerka
Magyar-szentmiklós
Galambok
Razkrižje
Ljutomer
Tornyi-szentmiklós
Bázakerettye
Borsfa
Palin
Murskо Središće
Csörnyeföld
Jeruzalem
Međimurje
Peklenica
Becsehely
Mihald
Fleškovec
Sivica
Podturen
Nagykanizsa
Ormož
Središće ob Dravi
Šenkovec
Belica
Domašinec
Goričan
Letenye
Tótszerdahely
Bajcsa
Nedelišće
Pribislavec
Hodosan
Miklósfa
G. Vratno
Mala Subotica
Kotoriba
Iharosberény
Petrijanec
Sračinec
Čakovec
D. Kraljevec
Mura-keresztúr
Opeka
Brigadirsko jez.
Prelog
Sv. Marija
D. Vidovec
Surd
Varaždin
Trnovec
Orehovica
Hrženica
Drava
D. Dubrava
Legrad
Bartolovecki
Ludbreg
Vrbanovec
Bednja
Csurgó
Zákány
Szenta
Tužno
Bereznec
Ludbreg
Kuzminec
Đelekovec
Beletinec
Varaždinske Toplice
Berzence
Ivanec
Var. Toplice
Subotica Podravska
Drnje
Gola
Ivanščica
Kalnik
Novi Marof
Rasinja
Sigetec
Koprivnica
Ždala
Ljubešćica
Apatovac
Hlebine
Belec
Vrtari
Vranilac
Breznički Hum
Sudovec
D. Glogovnica
Glogovac
Molve
Brez. Hum
Carevdar
Donji Mosti
Novigrad Podravski
Ferdinandovac
D. Konjšćina
Virje
Đurđevac
Zaistovec
Križevci
Kapela
Remetovac
Podravske Sesvete
Komin
Kloštar
Sv. Ivan Zelina
G. Tkalec
Sv. Ivan Žabno
Rovišće
V. Trojstvo
Donja Zelina
Gradec
Glogovnica
Velika reka
Črnec
Šandrovac
Sedlarica
Sv. Helena
Vrbovec
Haganj
Bjelovar
Bilogora
Popovec
Novaki Kr.
Lonjica
Gudovac
Ždralovi
Severin
Dugo Selo
Dubrava
Kabal
Narta
Bedenik
V. Pisanica
Lonja
Lupoglav
Štefanje
Ivanja Reka
Ivanska
10 km
Rugvica
Kloštar Ivanić
Čazma
V. Grđevac
Gorica
Ivanić Grad
Pavlovac
Velika Bar
E66
E65
E71
E70
A4
A5
A3
M7
M70
56
57
8
86
87
74
76
75
71
61
209
232
230
210
20
2
3
35
24
22
41
28
26
43

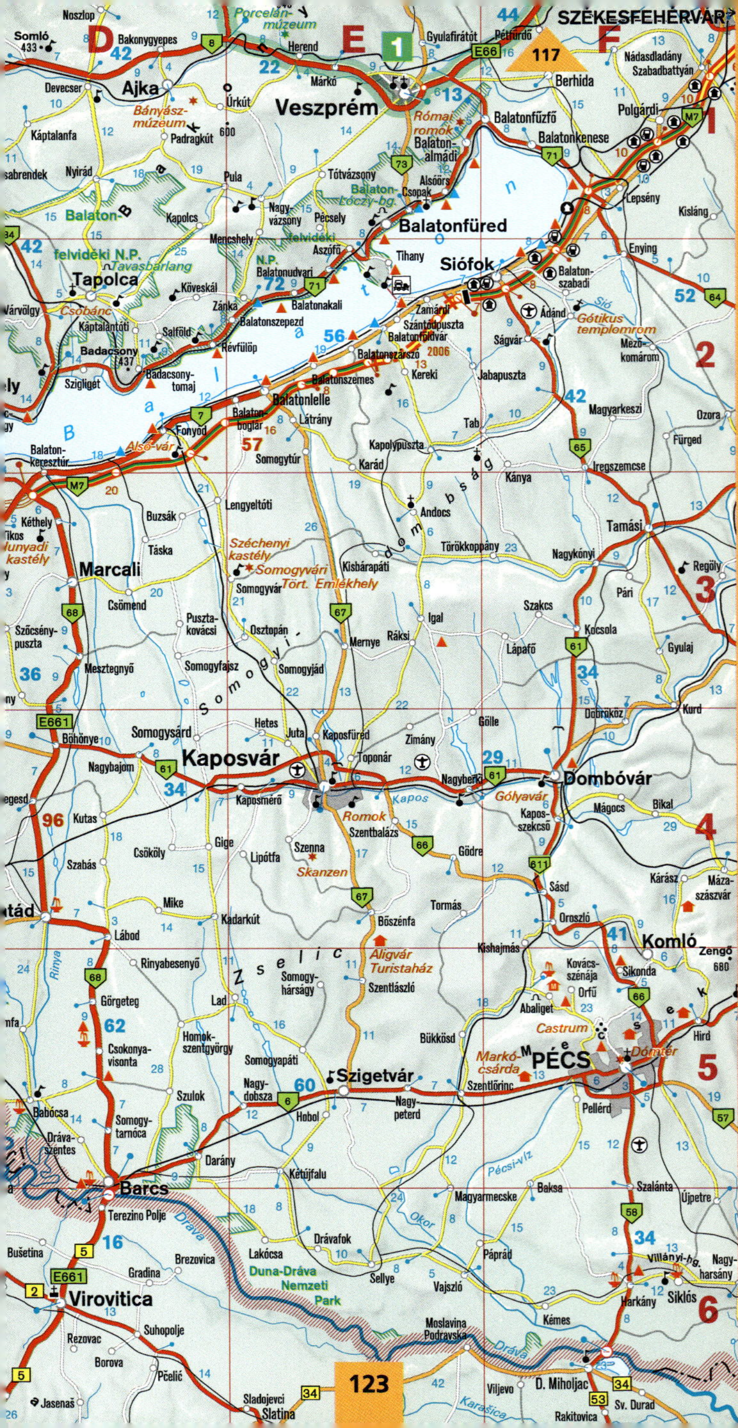
SZÉKESFEHÉRVÁR
117
Noszlop
Somló 433
Bakonygyepes
Porcelán-múzeum
Herend
Gyulafirátót
Pétfürdő
Nádasdladány
Szabadbattyán
Devecser
Ajka
Márkó
Veszprém
Berhida
Bányász-múzeum
Úrkút
Római romok
Balatonfűzfő
Polgárdi
Káptalanfa
Padragkút
Balaton-almádi
Balatonkenese
Nyirád
Pula
Tótvázsony
Alsóörs
Csopak
Balaton-Lóczy-bg.
Lepsény
Kisláng
Balaton-felvidéki N.P.
Kapolcs
Nagy-vázsony
Pécsely
Balatonfüred
Mencshely
Aszófő
Tihany
Enying
Tapolca
Tavasbarlang
Köveskál
Balatonudvari
Siófok
Balaton-szabadi
Csobánc
Káptalantóti
Zánka
Balatonakali
Zamárdi
Ádánd
Sió
Gótikus templomrom
Salföld
Balatonszepezd
Szántódpuszta
Balatonföldvár
Ságvár
Mező-komárom
Badacsony 437
Révfülöp
Balatonszárszó
2006
Kereki
Jabapuszta
Szigliget
Badacsony-tomaj
Balatonszemes
Balatonlelle
Magyarkeszi
Ozora
Fonyód
Balaton-boglár
Látrány
Tab
Fürged
Balaton-keresztúr
Alsó-vár
Somogytúr
Kapolypuszta
Karád
Iregszemcse
Kánya
Lengyeltóti
Andocs
Tamási
Kéthely
Buzsák
Táska
Hunyadi kastély
Széchenyi kastély
Somogyvári Tört. Emlékhely
Kisbárapáti
Törökkoppány
Nagykónyi
Regöly
Marcali
Somogyvár
Páli
Csömend
Igal
Szakcs
Szőcsény-puszta
Puszta-kovácsi
Osztopán
Mernye
Ráksi
Lápafő
Kocsola
Gyulaj
Mesztegnyő
Somogyfajsz
Somogyjád
Somogy
Dombókóz
Kurd
Somogysárd
Hetes
Juta
Kaposfüred
Zimány
Gölle
Böhönye
Kaposvár
Toponár
Nagybajom
Nagyberki
Dombóvár
Kaposmérő
Kapos
Gólyavár
Kapos-szekcső
Mágocs
Bikal
Kutas
Romok
Szentbalázs
Gige
Szenna
Csököly
Lipótfa
Skanzen
Gödre
Szabás
Kárász
Máza-szászvár
Mike
Sásd
Tormás
Kadarkút
Bőszénfa
Oroszló
Lábod
Kishajmás
Komló
Zengő 680
Rinyabesenyő
Aligvár Turistaház
Zselic
Somogy-hárságy
Kovács-szénája
Sikonda
Rinya
Görgeteg
Szentlászló
Orfű
Lad
Abaliget
Castrum
Csokonya-visonta
Homok-szentgyörgy
Bükkösd
Markó-csárda
PÉCS
Dómtér
Hird
Somogyapáti
Nagy-dobsza
Szigetvár
Szentlőrinc
Szulok
Hobol
Nagy-peterd
Pellérd
Babócsa
Somogy-tarnóca
Dráva-szentes
Darány
Pécsi-víz
Barcs
Kétújfalu
Baksa
Szalánta
Újpetre
Terezino Polje
Magyarmecske
Okor
Drava
Drávafok
Páprád
Villányi-hg.
Nagy-harsány
Bušetina
Gradina
Brezovica
Lakócsa
Duna-Dráva Nemzeti Park
Sellye
Vajszló
Harkány
Siklós
Virovitica
Suhopolje
Kémes
Rezovac
Moslavina Podravska
Dráva
Borova
Pčelić
Viljevo
D. Miholjac
Jasenaš
Sladojevci
Slatina
Karašica
Rakitovica
Sv. Đurađ

Székesfehérvár
118
Gárdony
Velencei-tó
E73
Kiskunlacháza
Dabas
Nádasdladány
Szabadbattyán
Pusztaszabolcs
Ráckeve
Adony
Apaj
Polgárdi
Gorsium
Seregélyes
Dömsöd
Kiskunsági Nemzeti Park
Sárosd
Perkáta
Kunszentmiklós
Soponya
Sárkeresztúr
Tass
Lepsény
Kisláng
Káloz
Dunaújváros
Szalkszentmárton
Enying
Mezőfalva
Kunadacs
Sárbogárd
Dunavecse
Dég
Hatvanpuszta
Szabadszállás
Mezőkomárom
Rétszilas
Előszállás
Mezőszilas
Dunaföldvár
Solt
Fülöpszállás
Alsószentiván
Ozora
Simontornya
Cece
Fürged
Tolnanémedi
Vajta
Németkér
Bölcske
Pincehely
Harta
Akasztó
Dunakömlőd
Madocsa
Nagyszékely
Nagydorog
Paks
Duna
Dunapataj
Petőfi Sándor Múzeum
Tamási
Sárszentlőrinc
Pári
Regöly
Dunaszentbenedek
Gyönk
Kajdacs
Szakmár
Kalocsa
Kecel
Gyulaj
Kölesd
Dunaszentgyörgy
Öregcsertő
Hőgyész
Gerjen
Bátya
Szedres
Fadd
Kurd
Miske
Dombóvár
Tevel
Zomba
Tolna
Fajsz
Császártöltés
Kisvejke
Bogyiszló
Dusnok
Hajós
Tabód
Szekszárd
M9
2006
Nemesnádudvar
Bikal
Bonyhád
Keselyűs
Gemenci-erdő
Duna-Drava Nemzeti Park
Decs
Sükösd
Jánoshalma
Kárász
Mázaszászvár
Mőcsény
Várdomb
Mecseknádasd
Hidas
Érsekcsanád
Réka-vár
Komló
Zengő 680
Pécsvárad
Bátaszék
Baja
Csávoly
Tataháza
Véménd
Hird
Szellő
Himesháza
Somberek
Dunaszekcső
Dunafalva
Bátmonostor
Bácsbokod
Bácsalmás
Pécs
Bár
Nagybaracska
Madaras
Felsőmező
Sárhát
Gara
Katymár
Babarc
Szederkény
Mohács
Bácsszentgyörgy
Riđica
Bóly
Újpetre
Duna-Drava N.P.
Hercegszántó
Rastina
Stanišić
Aleksa Šantić
Mohácsi Történeti Emlékhely
Majs
Udvar
Bački Breg
Kolut
Gakovo
Mostonga
Villányi-hg.
Villány
Bormúzeum
Nagyharsány
Magyarbóly
Bezdan
Svetozar Miletić
17-1
Siklós
Kneževo
Batina
E662
HRVATSKA
10 km
Popovac
Zmajevac
Bački Monostor
Čonoplja
Beremend
Popovac
Beli Manastir
124
Veliki kanal
Sombor
Baranjsko Petrovo Selo
Kneževi Vinogradi
Zlatna Greda
Kupusina
Kljajićevo
H
HR

Magyarország geometriai középpontja
Cegléd
Kossuth-Múzeum
Abony
Szolnok
119
Törökszentmiklós
Szajol
Szandaszőlős
Rákóczifalva
Kengyel
Kuncsorba
Kétpó
Törtel
Kőröstetétlen
Tószeg
Jászkarajenő
Gerje
Kőrös-ér
Nagykőrös
Kocsér
Tiszajenő
Martfű
Tiszabög
Tiszaföldvár
Mezőhék
Lajosmizse
Kerekegyháza
Hetényegyháza
KECSKEMÉT
Tiszakécske
Tiszakürt
Cibakháza
Körös-Maros Nemzeti Park
Öcsöd
Arborétum
Szarvas
Fülöpháza
Lakitelek
Nyárlőrinc
Cserkeszőlő
Kunszentmárton
Tiszaalpár
Csépa
Szelevény
Jakabszállás
Orgovány
Fülöpjakab
Bokros
Csereböké
Körös-Maros N. P.
Kiskunfélegyháza
Szélmalom
Csongrád
Kajánújfalu
Kiskunsági Nemzeti Park
Bugac
Gátér
Fábiánsebestyén
Pálmonostora
Szentes
Tömörkény
Csanytelek
Bócsa
Jászszentlászló
Nagymágocs
Szegvár
Szank
Mindszent
Székkutas
Ópusztaszer
Történeti-Emlékpark
Kiskunmajsa
Csipkemúzeum
Kistelek
Mártély
Körös-Maros N.P.
Balástya
Hódmezővásárhely
Tornyai János Múzeum
Zsana
Sándorfalva
Szikáncs
Forráskút
Szatymaz
Batida
Üllés
Algyő
Földeák
Bordány
Balota
Ruzsa
SZEGED
Maroslele
Zákányszék
Deszk
Klárafalva
Makó
Mórahalom
Tompa
Kelebija
SUBOTICA
Palić
Horgos
Bala
Kübekháza
Kiszombor
Cherestur
Cheglevici
Beba Veche
ROMÂNIA
Krstur
Martonoš
Banatsko Aranđelovo
Palićko jez.
Ludoško jez.
M. Pijace
Kanjiža
Tavankut
Mala Bosna
Novi Knezevac
Dudeştii Vechi
Vâlcani
Bikovo
Crna Bara
Senćanski Trešnjevac
Senta
Čoka
Muzeu
Žednik
Orom
Đurđin
Čantavir
Mokrin
G. Breg
Zlatica
Pačir
Ostojićevo
Bački Sokolac
Novo Drahovo
Tornjoš
SRBIJA I CRNA GORA
Kikinda
Bačka Topola
Utrine
Ada
Padej
Iđoš
Bajša
Bočar
Gunaroš
Mol
Krivaja
Mileševo
Novo Miloševo
Tisza
Kőrös

A
B
C
120
1
2
3
4
5
6
Jászalsó-szentgyörgy
Tápiógyörgye
Jászladány
Tiszaroff
Kunhegyes
Kunmadaras
Berekfürdő
Kőtelek
Újszász
Besenyszög
Dobapuszta
Fegyvernek
Karcag
E60
Kenderes
Kisújszállás
Abony
Szolnok
Szajol
Törökszent-miklós
Tisza
Zagyva
Bucsa
Ecsegfalva
Szandaszőlős
Rákóczifalva
Kuncsorba
Túrkeve
Nagykunság
Kőröstetétlen
Tószeg
Jász-karajenő
Kengyel
Kétpó
Tiszajenő
Martfű
Dévaványa
Tiszabög
Tiszaföldvár
Mezőhék
Mezőtúr
Badár-Múzeum
Cibak-háza
Tiszakécske
Gyomaendrőd
Gyoma
Endrőd
Körös-Maros Nemzeti Park
Körös
Lakitelek
Tiszakürt
Öcsöd
Arborétum
Szarvas
Csárda-szállás
Cserkeszőlő
Kunszent-márton
Tisza-alpár
Örménykút
Csépa
Szelevény
Kardos
Bokros
Cserebökény
Kondoros
Körös-Maros N. P.
Csongrád
Kajánújfalu
Gátér
Fábiánsebestyén
Nagyszénás
Gádoros
Szentes
Csorvás
Tömörkény
Csanytelek
Szegvár
Nagymágocs
Orosháza
Újkígyós
Csanádapáca
Szántó Kovács János Múzeum
Körös
Mindszent
Ópusztaszer
Történeti-Emlékpark
Székkutas
Medgyesegyháza
Kistelek
Körös-Maros N. P.
Mártély
Kaszaper
Balástya
Hódmező-vásárhely
Tornyai János Múzeum
Maros
Tótkomlós
Mezőkovácsháza
Sándor-falva
Szatymaz
Szikáncs
Batida
Algyő
Földeák
Mező-hegyes
Pitvaros
Rákos
Battonya
SZEGED
Maroslele
Csanádpalota
Peregu Mare
Deszk
Klárafalva
Makó
E68
Câmpia Mureș
H
Kiszombor
Nagylak
Nădlac
Horgoš
Bača
Kübekháza
SCG
Cherestur
Cenad
Mureș
Šeitin
Krstur
Beba Veche
Cheglevici
Martonoš
SRBIJA I CRNA GORA
Banatsko Arandelovo
Sânnicolau Mare
(Grossanktnikolaus)
Semlac
Secusigiu
Kanjiža
Sânpetru Mare
Periam
Novi Kneževac
Dudeștii Vechi
RO
Vălcani
10 km
126
Variaș
Crna Bara
Lovrin
102

121

D
E
F
Hajdúszoboszló
Hajdúszovát
Sáránd
Létavértes
Hosszúpályi
Kaba
Derecske
Keleti-főcsatorna
Püspökladány
Báránd
Földes
Hencida
Pocsaj
Diosig
Săcueni
Olosig
Buduslău
Albiș
Abrămuț
Chișlaz
Berettyóújfalu
Berettyó-szentmárton
Nagyrábé
Nagykereki
Santăul Mare
Roșiori
Sălard
Ciuhoi
Barcău
Sârbi
Spinuș
Brusturi
Biharia
Cetariu
Biharkeresztes
Borș
Furta
Darvas
Berettyó
Csökmő
Crișul Repede
ORADEA
(GROSSWARDEIN)
Tileagd
Ineu
Oșorhei
Săcădat
Tărian
Sântandrei
Cheresig
Livada de Bihor
Körösszegapáti
Komádi
Sebes-Körös
Biharugrai-halastavak
Sânmartin
Nojorid
Băile Felix
Hidișelu de Sus
Copăcel
Leș
Vésztő
Szeghalom
Mágor Emlékhely
Zsadány
Okány
Begécsi-víztároló
Ateaș
Cefa
L. Cefa
Inand
Miersig
Valea Nouă
Lăzăreni
Drăgești
Ceica
Mădăraș
Homorog
Ianoșda
Tarhos
Sarkad-keresztúr
Salonta
Tulca
Husasău de Tinca
Ripa
Holod
Sâmbăta
Copăceni
Békés
Doboz
Sarkad
Ciumeghiu
Arpășel
Tinca
Belfir
Cociuba Mare
Răbăgani
Békéscsaba
Körös
Batăr
Canal colector
Petid
Uileacu de Beiuș
Olcea
Șoimi
Avram Iancu
Crișul Negru
Gyula
Tămașda
Zerind
Vânători
Berechiu
Ciuntești
Vărșand
Mișca
Apateu
Craiva
Pilu
Șepreuș
Sartiș
Cermei
Botfei
Pleșul
Hășmaș
Elek
Grăniceri
Socodor
Sintea Mare
Chișineu-Criș
Teuz
Beliu
Archiș
Chereluș
Gurba
Lőkösháza
Cintei
Crișul Alb
Sicula
Cărand
Ineu
Bocsig
Ignești
Sânmartin
Șimand
Zărand
Seleuș
Olari
Canalul Morilor
Dezna
Macea
Bârsa
Sebiș
Caporal Alexa
Cigher
Șilindia
Cuied
Curtici
Sântana
Pâncota
Buteni
Iratoșu
Variașu Mic
Șofronea
Mâsca
Târnova
Tauț
Chisindia
Agrișu Mare
Dieci
Almaș
Zimandu Nou
Șiria
Arăneag
L. Tauț
Păiușeni
R O M Â N I A
Livada
Căsoaia
Highiș
Nadăș
Rugaciu
Piatra Păcurari
Drocea
ARAD
Covăsânț
Munții Zarandului
Ghioroc
Cioaca Burdiz
Slatina de Mureș
Zădăreni
Vladimirescu
Radna
Șoimoș
Conop
Bârzava
Bodrogu Nou
Mureș
Fântânele
Frumușeni
Păuliș
Dumbrăvița
Baia
Tisa Nouă
Zăbrani
Lipova
Căpruța
Cruceni
Neudorf
Chelmac
Dorgoș
Lupești
Sagu
Alioș
Vărădia de Mureș
Vinga
Firiteaz
Zăbalț
Bata
Șiștarovăț
Pătârș
Tela
Căpâlnaș
Ortișoara
Fibiș
Maşloc
Bogda
Remetea
Labașint
Birchiș
H
RO
E573
E60
E671
E79
E68
2012

Im Register sind alle in diesem Reiseführer erwähnten Orte und Ausflugsziele verzeichnet. Halbfette Seitenzahlen verweisen auf den Haupteintrag, kursive auf ein Foto.

Abádszalók 78, 79, 97
Abaliget 38
Abaújszántó 92
Aggtelek 86
Alcsútdoboz 96
Alsóőrs 102
Attila-Bucht/Theiß-See 78, *79*
Bábolna 30
Badacsony 21, **49**
Badacsonylábdihegy 49
Bakonybél 90
Bakony-Gebirge 9, 11, 27, 34, 45, 89, 90
Balaton 9 15, 21, 23, 27, *46*, 47, *94*, 95, 96, 97, 99, 102, 103, 106, 107
Balatonalmádi 95, 96
Balatonboglár 21
Balatonederics 99
Balatonfenyves 96
Balatonfüred 21, 25, **47**, 97
Balatonfűzfő 95
Balatonkenese 97
Balatonlelle 96
Balatonszentgyörgy 100
Balatonudvari 51
Balaton/Landschaft *9*, 48, *88*
Balf 16, **40**
Baradla-Höhlen 81, **86**
Berekfürdő 17, **79**
Bodrogkeresztúr 91
Börzsöny-Gebirge 21, 53, 63
Bokod 89
Borzavár 90
Brunswick, Schloss 25, 42
Budapest 7, 8, 10, *12*, 13,14, 16, 21, 23, 24, 25, **53**, *54*, 73, 90, 92, 100, 101, 102, 103, 106, 107, 132
Bük 16, **33**
Bükk-Gebirge 21, 81, 84, 85
Bugac 66
Bugac-Puszta **65**, 93
Buzság 23
Csákvár 89
Csepel 92
Cserhát-Gebirge 81
Csopak 21
Csesznek, Burgruine 90
Dáka 96
Debrecen 11, 14, 16, 24, 25, **66**, *68*, 103, 106
Demjén 83
Döbrönte **36**, 90
Donau 10, 31, *52*, 53, *63*
Donau-Drau-Nationalpark 31
Dorog 58
Drávaszabolcs 31
Duna-Ipoly, Nationalpark 63
Eger *7*, 11, 17, 21, *80*, **81**, *82*, 97
Esztergom 53, **58**, 71
Fertőd 15, 21, 30, 40, *41*
Fertőd, Schloss 15, 21, 30, **40**, *41*
Fertőszéplak 41
Fonyód 21
Fülöpháza 66, **74**, 93, 96
Fülöpszállás 97
Füzérradvány 92
Ganna 36, 90
Göd 96
Gödöllő 16, 57
Gödöllő, Schloss 16, **57**
Gönc 92
Gorsium s. Tác-Gorsium
Große Schüttinsel 30
Gyöngyös 85
Győr 11, 14, 16, **27**, *28*, 30, 103, 107
Gyula 16, **76**
Hajdúszoboszló 16, **69**, 101
Harkány 16, **31**
Hármas-Körös, Wassersportgebiet 78
Hegyeshalom 104
Hercegkút 91
Herend 23, **45**, 90
Hévíz 16, *48*, **49**, 103
Hollókő 24, **57**
Hortobágy 25, *65*, **70**
Hortobágy-Nationalpark 65, **70**
Hortobágy-Puszta s. Hortobágy-Nationalpark
Hungaroring/Budapest 25
Jósfavő 86, 87
Káli-Becken 48
Kalocsa 7, 11, 23, **71**, *72*
Kápolnáspuszta 100
Kaposvár 38
Kecskemét 65, 66, **72**, *74*, 93, 101, 105
Kékestető 84
Kékkút 48
Kerecsend 83
Kerekegyháza **74**, 93
Keszthely 9, 15, 25, **48**, 100, 103
Kisköre 78
Kiskunlacháza 92
Kiskunság, Nationalpark 65, 66, 74, 93
Körös-Maros, Nationalpark 77
Kőszeg 11, **32**, *33*
Kővágóörs 48
Köveskál 48
Kóspallag-Nagyírtáspuszta 63
Kunpuszta 93
Lillafüred 85
Lipót 30
Mád 92
Magas-Bakony, Landschaftsschutzgebiet 90
Majkpuszta 89
Makó 19
Mándok 58
Martonvásár 15, 25, **42**
Mátrafüred 84
Mátra-Gebirge 21, 81, **84**
Mátraháza 84
Mecsek-Gebirge *26*, 27, 36, 38
Mezőkövesd 84
Mindszentkálla 48
Miskolc 25, **85**, 90
Mohács 8, 24
Mór 89
Mosonmagyaróvár 16, **30**
Nagybörzsöny 63
Nagyszakácsi 14
Nationalpark Bugac-Puszta **65**, 93
Nationalpark Duna-Ipoly 63
Nationalpark Kiskunság 65, 66, 74, 93
Nationalpark Körös-Maros 77
Naturschutzgebiet Börzsöny-Gebirge 63
Neusiedler See 40
Noszvaj 83
Nyúl 29
Öreg-See 42
Örfű 38
Ópusztaszer 76
Oroszlány 89
Paks 15
Pálháza 92
Palkonya 32
Palózen 21, 57, 81, 85
Pannonhalma-Abtei 30
Pápa **34**, 89, 90
Parád 85
Parádfürdő 85
Parádsasvár 85
Pécs 14, 23, 27, **36**, *37*, *38*, 73, 103, 106
Pilis-Gebirge 9, 21, 53
Plattensee s. Balaton
Poroszló 78
Puszta *6*, 7, 9, 11, 14, *15*, 19, 20, 25, *64*, 65, 70, *71*, 74, 92, 96
Ráckeve 92
Révfülöp 100
Salföld 48, 100

Sárospatak **87,** 92
Sárvár 16, **34**
Sátoraljaújhely 92
Schüttinsel, Große 29
Siklós 32
Siklós-Máriagyüd 32
Siófok 15, **50,** 95, 97, 102, 106
Söréd 89
Solt 92
Sopron 11, 14, 15, 21, 24, 27, **39,** 95, 107
Stúrovo 59
Sümeg, Burg 50
Szalajka-Tal **84,** 101
Szántódpuszta 14
Szarvas 77
Szarvaskő, Burgruine 36
Százhalombatta 99
Szeged 11, 14, 23, 25, **75,** *76,* 106
Székesfehérvár **41,** 89, 95, 99, 107
Szekszárd 21, **39**
Szentbékkálla 48
Szentendre 11, **59,** *60*
Szépalmapuszta 90
Szerencs 90
Szilvásvárad 84, 101
Szolnok 77
Szombathely 11, **34,** 107
Tác-Gorsium 11, **42**
Tállya 92
Tapolca 16
Tarcal 90
Tata **42,** 95
Telkibánya 92
Theiß 10, 17, 75, 77, 78, 95
Theiß-See **78,** 95, 96, 97
Tihany *5,* 21, *46,* **51,** 97
Tiszaderzs 95
Tiszafüred 17, 78, 79, 95, 96
Tiszaörs 17
Tiszaújváros 17
Tiszavalk 78
Tokaj **87,** 90, 91
Tolcsva 91
Vác 11, 53, **61**
Velence-See 95, 97
Vértes-Gebirge 9, 89
Veszprém 23, 27, **44,** 90, *91,* 107
Villány 32
Villánykövesd 32
Villány-Siklos 21, **32**
Visegrád 8, 25, 53, 58, **62,** 95, 100
Visegráder Gebirge 9
Vonyarcvashegy 97
Zalaegerszeg 99
Zalakaros 16, 95
Zalakomár 95, 100
Zánka 48, 96
Zemplén-Gebirge 81, 90, 92
Zengővárkony 99
Zirc **45,** 89

Schreiben Sie uns!

Liebe Leserin, lieber Leser,

wir setzen alles daran, Ihnen möglichst aktuelle Informationen mit auf die Reise zu geben. Dennoch schleichen sich manchmal Fehler ein – trotz gründlicher Recherche unserer Autoren/innen. Sie haben sicherlich Verständnis, dass der Verlag dafür keine Haftung übernehmen kann. Wir freuen uns aber, wenn Sie uns schreiben.

Senden Sie Ihre Post an die MARCO POLO Redaktion, MAIRDUMONT, Postfach 31 51, 73751 Ostfildern, info@marcopolo.de

Impressum

Titelbild: Csikós-Reitervorführung (Zefa: Wermter)
Fotos: Feldhoff & Martin (2 u., 7, 15, 66, 81, 82, 87); R. Freyer (U. l., 4, 25, 33, 34, 54); J. Gläser (60, 63); R. Hackenberg (5 l., 9, 46, 47, 48); HB-Verlag: Hilbich (5 r., 28, 68, 84); Huber: Giovanni (1, 41), Mehlig (91), Schmid (26, 38, 52, 72); F. Ihlow (U. r., 94); K. Kallabis (U. M.); C. Lachenmaier (2 o., 6, 11, 12, 16, 22, 65, 71, 74, 93, 97, 101, 102); Mauritius: Jiri (18), Rossenbach (64, 88), Vidler (98); Silvestris: Stadler (20, 45); H. Skupy (24, 80); O. Stadler (37); T. Stankiewicz (76, 78, 79); E. Wrba (53, 57); Zefa: Wermter (113)

3. (10.), aktualisierte Auflage 2006 © MAIRDUMONT, Ostfildern
Herausgeber: Ferdinand Ranft, Chefredakteurin: Marion Zorn
Redaktion: Corinna Walkenhorst, Bildredakteurin: Gabriele Forst
Kartografie Reiseatlas: © MAIRDUMONT/Falk Verlag, Ostfildern
Vermarktung: MAIRDUMONT MEDIA, media@mairdumont.com
Gestaltung: red.sign, Stuttgart
Sprachführer: in Zusammenarbeit mit Ernst Klett Sprachen GmbH, Stuttgart, Redaktion PONS Wörterbücher

Printed in Germany. Gedruckt auf 100% chlorfrei gebleichtem Papier

Bloß nicht!

Reisende sind in Ungarn ziemlich sicher – aber ein paar wichtige Vorsichtsmaßregeln sollten beachtet werden

Auf der Straße Geld wechseln

Zum einen können Sie sich Falschgeld einhandeln, zum anderen sind einige Händler geschickte Trickbetrüger: Man zählt dem Kunden die Scheine vor – aber der bekommt dann nicht das vorgezählte Geldbündel, sondern ein anderes mit weniger Scheinen.

Die Polizei provozieren

Wer bei der Polizei auffällig wird, sollte eine erste Warnung der Beamten ernst nehmen. Kommt zum ersten ein zweiter Vorfall hinzu, findet sich der Delinquent schnell hinter Gittern wieder. Die Ordnungshüter greifen meistens fair, aber eben sehr konsequent durch.

Das Auto unbewacht abstellen

Autodiebstahl ist in Budapest, aber auch in anderen Orten an der Tagesordnung. Gestohlen werden teure neue Autos, aber auch ältere. Stellen Sie ein Fahrzeug darum nur auf einem bewachten Parkplatz oder nachts in der Hotelgarage ab.

Auf Abrechnungstricks hereinfallen

Achten Sie bei Taxifahrten stets darauf, dass der Taxameter eingeschaltet ist. Bei Fahrten zu Zielen außerhalb des Ortes wird oft auch die Rückfahrt berechnet. Doch mancher Fahrer hat seine eigenen Vorstellungen davon, wo sich die Ortsgrenze befindet. Darum klären Sie schon vor der Abfahrt, welcher Preis zu zahlen ist. Im Restaurant rechnen Sie bei nicht maschinell erstellten Rechnungen lieber nach, ob der Gesamtbetrag stimmt. Und kontrollieren Sie auch, ob das Rückgeld korrekt herausgegeben wird. Am besten lassen Sie die Geldscheine auf dem Tisch liegen, bis der Kellner das Wechselgeld ausgezahlt hat.

Jeden Preis akzeptieren

Achtung beim Kauf von Souvenirs: Die Händler auf den Märkten haben einen »Riecher« für Nichtungarn. Und nennen flugs einen zumeist weit überhöhten Preis für die Tischdecke oder die Lederjacke. Nur wer hartnäckig handelt, erzielt am Ende einen fairen Preis.

Taschendieben das Handwerk erleichtern

Taschendiebstähle sind an belebten Plätzen wie an Bahnhöfen leider keine Seltenheit. Es wird empfohlen, Geld, Kreditkarten und Dokumente sicher, am besten in einem Brustbeutel, unterzubringen. Lassen Sie Ihre Wertsachen im Hotelsafe aufbewahren.